本书受江苏省社会科学基金项目"江苏出口贸易韧性的测

策略研究"（项目编号：22EYB024）和江苏省高校哲学社会科学项目"增加

值视角下中国出口贸易韧性提升研究"（项目编号：022SJYB0600）的资助。

中国双向 FDI 的环境效应研究

王奇珍 ◎著

Wuhan University Press
武汉大学出版社

图书在版编目（CIP）数据

中国双向FDI的环境效应研究／王奇珍著． —武汉：武汉大学出版社，
2023.3

ISBN 978-7-307-23488-8

Ⅰ．中… Ⅱ．王… Ⅲ．①外商直接投资－环境效应－研究－中国
②对外投资－直接投资－环境效应－研究－中国　Ⅳ．F832.6

中国版本图书馆CIP数据核字（2022）第237718号

责任编辑：周媛媛　冯红彩　　责任校对：牟　丹　　版式设计：文豪设计

───────────────────────────────────────

出版发行：武汉大学出版社　　（430072　武昌　珞珈山）

（电子邮箱：cbs22@whu.edu.cn 网址：www.wdp.com.cn）

印刷：三河市京兰印务有限公司

开本：710×1000　1/16　　印张：13.25　　字数：203千字

版次：2023年3月第1版　　　2023年3月第1次印刷

ISBN 978-7-307-23488-8　　　定价：70.00元

CONTENTS

目 录

第一章 绪 论

本书主要研究中国双向FDI（foreign direct investment，外商直接投资）的环境效应。本章作为全书的导入部分，主要阐述选题的背景与意义、研究内容、研究方法以及创新点与不足之处等内容。

第一节 选题的背景与意义

本节主要阐述本书的选题背景与选题意义。选题背景包括中国吸引外商直接投资（inward foreign direct investment，IFDI）对环境的影响及其原因、中国对外直接投资（outward foreign direct investment，OFDI）对环境的影响及其原因。选题意义从理论意义和现实意义两个层面进行描述。

一、选题的背景

改革开放以来，我国外商直接投资快速增长。根据《中国统计年鉴——2021》，我国合同外商直接投资额从1985年的3073亿美元上升到2020

年的 38570 亿美元，年均增长率为 7.49%；实际使用外资额从 1985 年的 47.6 亿美元上升到 2020 年的 1443.69 亿美元，年均增长率为 10.24%。外商直接投资为我国经济的持续繁荣做出了巨大的贡献，不仅解决了我国大量的劳动力就业问题，还带动了我国技术水平和管理经验的提升。在看到外商直接投资的经济增长效应的同时，还应该注意到它对中国环境的影响。例如，珠江三角洲作为中国改革开放的先行地区，早期成为众多外资企业的集聚地。这些外资企业对珠江三角洲的经济发展起了巨大的拉动作用，但也给珠江三角洲造成了严重的大气污染，引发了酸雨、水体污染、地面沉降、土壤污染、固体废物污染等环境问题。究其原因，主要有以下两点。

一是经济发展伴随着能源消耗增加，从而导致污染排放增加。根据环境库兹涅茨曲线，在经济发展的初期，污染水平较低。随着生产的扩张，经济规模增大，人们收入水平上升，污染排放也开始增加。当达到某一个临界点时，人们收入进一步增加，环境污染程度逐渐减缓，环境质量逐渐得到改善。这是因为在经济发展的前期，会消耗大量的能源，由于污染治理技术和环保意识不强，再加上把经济发展放在首位，就会造成严重的环境污染。在经济发展的后期，人们收入水平上升，环保意识增强，环保技术也较为发达，就会治理环境污染，降低碳排放。二是环境规制较弱导致污染排放增加。在经济发展初期，一些地方为了发展经济而牺牲环境，引进了大量高能源消耗、高污染、高排放的外资企业。随着经济的发展，这种发展模式的弊端开始显现。地方逐渐意识到绿色和可持续发展的重要性，开始提高环境规制强度，从而吸引了大批环境友好型外企流入，这有利于地方环境质量的提高。

我国政府在积极"引进来"的同时，也鼓励大量企业"走出去"，到其他国家投资。国家提出的"出国办企业"政策鼓励一些从事进出口业务的外贸公司和具有对外经贸合作经验的企业率先跨出国门，在国外投资设厂。党的十八届五中全会强调支持企业扩大对外投资，推动装备、技术、标准、服务走出去，深度融入全球产业链、价值链、物流链，建设一批大宗商品境外生产基地，培育一批跨国企业。这些都意味着中国政府在对外投资上加注了更多的政策倾斜，促进了我国对外投资的迅猛发展。根据《2020 年度中国对外直接投资统计公报》，2002 年，我国对外投资流量为 27 亿美元，2020 年为 1537.1 亿美元，年均增长率为 25.17%。2002 年，中国对外投资存量为 299 亿美元，2020 年为 25806.6 亿美元，年均增长率为 28.11%。图 1-1 展示了 2005—2020 年中国 IFDI 和 OFDI 的对比。其中，IFDI 指的是中国实际使用外资金额，也叫对内外商直接投资；OFDI 指的是中国对外直接投资。由图 1-1 可以看出，在 2014 年之前，我国 IFDI 大于 OFDI；2014 年之后，OFDI 发展迅速，超过了 IFDI。改革开放初期，外商直接投资在我国经济发展过程中占据重要地位，而对外直接投资的规模相对较小。近年来，国家战略逐步完善，我国"走出去"战略进一步深化，我国对外直接投资进入加速发展时期。

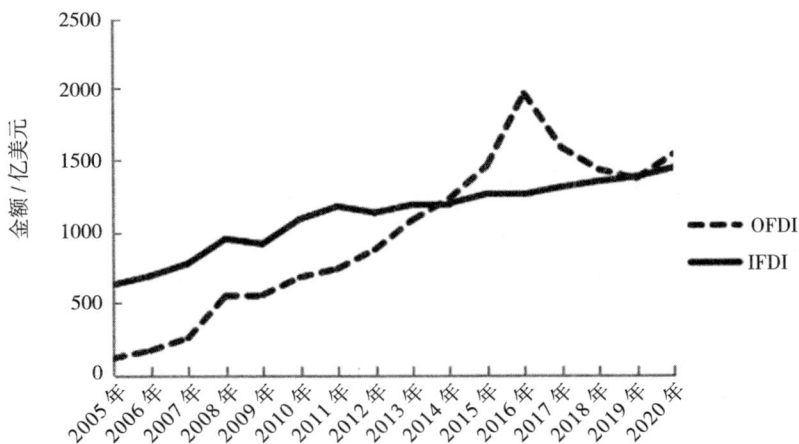

图 1-1　2005—2020 年中国 IFDI 和 OFDI 对比

　　2005 年以来，我国对外直接投资获得了更多的海外市场份额，开拓了海外市场。这不仅增强了对外投资企业的竞争力，也增加了我国的经济规模。我国将一部分产业转移到其他国家或地区，会释放出一定的劳动力和资本等生产要素，向更具比较优势的产业转移。这不仅会促进新兴产业发展，还会优化现有的产业结构，实现产业结构升级。相较于以市场换技术的被动，对外投资企业可以更加主动地选择溢出效应最为显著的东道国进行直接投资，从而获得更多的技术溢出。不过，中国对外直接投资所引起的国内经济规模扩大、产业结构调整和逆向技术溢出虽然促进了国内经济的繁荣发展，但也造成了国内的环境污染。

生产规模的扩大会增加能源的消费，增加碳排放；产业结构调整会降低高污染产业的比重，减少碳排放；逆向技术溢出会带来先进的环保技术和环保治理经验，减少环境污染。因此，对外直接投资的环境效应取决于这三者的合力。此外，我国所处的发展阶段对环境污染问题也有一定的影响。我国经济虽然经历了高速的增长，但所处阶段仍然属于初级发展阶段和转型升级的叠加发展时期。这一阶段的特点是对资源有高度的依赖性，依靠大量的资源开采、大量的能源消耗实现粗放式的经济增长。这种高度依赖资源、高能源消耗的增长模式不可避免地会带来高污染、高排放。因此，我国的投资在促进经济规模扩大的情况下所产生的环境问题是由中国自身经济发展所处过程造成的环境代价，这是许多国家经济发展所必须经历的一个阶段。

随着我国改革开放的进一步扩大，外商直接投资和对外直接投资也进入了新常态发展时期（王义源，2017），国际直接投资也由被动适应国际投资规则转向积极参与并主导国际投资活动。然而，环境污染问题却成为我国参与并主导国际投资活动的障碍。面对日益严峻的污染问题，外商直接投资和对外直接投资作为拓展国际市场、深化中国经济体制改革的重要手段，能否为国内发展绿色经济贡献力量？就外商直接投资而言，外商直接投资虽然会带来经济繁荣，但也会带来大量污染产业。东道国在接受发达国家的先进环保技术和环保理念的同时，能否把这些技术和理念真正转化为自身的东西，真正做到减少环境污染，还存在太多不确定的因素。就对外直接投资而言，一般认为，对外直接投资的发展可以转移国内污染产业，优化国内生态环境。但实际上，对外直接投资对母国环境的影响机制是复杂的，它取决于规模效应、结构效应和技术效应的合力。可见，外商直接投资和对外直接投资对国内环境的影响是非常复杂的，单一研究外商直接投资或对外直接投资对国内环境的影响来定义国际直接投资对国内环境的影响是不够全面的，失之偏颇。因此，本书将全面分析外商直接投资和对外直接投资对中国环境的影响，并提出符合我国国情的政策及建议，为我国实现经济转型及碳减排目标贡献新思路与新方法。

二、选题的意义

本书的选题意义主要体现在理论意义与现实意义两个方面。

首先，从理论意义上来看，包括两点。一是本书把环境经济学理论、凯恩斯的总需求理论和结构经济学理论与投资发展周期理论结合在一起，拓展了投资发展周期理论。投资发展周期理论提出了母国宏观经济的发展水平会对这个国家的境外直接投资水平造成影响的观点。虽然投资发展周期理论的发展不够完善，但仍然明确了国家宏观经济水平是对外直接投资的重要基础的观点。本书认为母国经济发展水平是进行对外直接投资的基础条件，一个国家只有在社会经济发展到一定水平的时候，参与国际竞争、进行境外投资才有助于国家的整体利益得到实现。正是因为对外直接投资需要较强的母国基础，对外投资才会对母国产生较强的技术外溢，影响一国的环境水平。本书强调了对外投资与母国环境的互动效应，拓展了投资发展周期理论。

二是丰富了外商直接投资的环境效应理论。以往对外商直接投资的环境效应的研究多基于外商直接投资对环境的直接影响，认为外商直接投资会优化、恶化环境，或者是与环境变化无关，很少考虑两者之间的影响机制。随着外商直接投资的增加和各国对环境保护的重视，对外商直接投资的环境效应的研究也摆脱了以往仅考虑两者之间关系的研究，而更多地考虑影响机制。总体上来说，外商直接投资会通过规模效应、结构效应和技术溢出效应影响东道国的环境，最终影响的程度取决于三种效应的合力。在实际的研究中，笔者发现这三种机制会体现在某一个中介变量上，外商直接投资会影响该中介变量，进而影响环境。基于上述三种效应，本书在异质性分析的框架下，研究外商直接投资对环境的直接影响及外商直接投资通过中介变量对环境的间接影响，丰富了外商直接投资的环境效应理论。

其次，从现实意义来看，有利于对外直接投资和母国环境的良性互动。对外直接投资是母国开拓海外市场、增强本国经济竞争力、优化国内产业结构的重要手段。但不可忽视的是，在发展对外投资的过程中，对外直接投资也会对母国的环境产生不利的影响。目前，我国对外直接投资正处于迅猛发展的阶段，企业大量的海外投资确实促进了我国经济的快速增长，但在此过程中，我国的生态环境也经历着前所未有的冲击。一方面是经济的发展，另一方面是生态破坏，如何在保护环境的同时发展经济，本书对此提出了决策参考——在增加对外投资的过程中，增加对外投资的技术溢出效应和结构优化效应，减少对外投资的规模效应，最终实现对外直接投资和母国环境的良性互动。

最后，本书的现实意义还在于有利于吸引更多环境友好型跨国企业来我国投资。外商直接投资是重要的跨国投资方式，它会传播先进的技术、管理理念和创新方案到东道国去，促进当地企业的发展，优化当地产业结构，加快当地市场的成熟。与此同时，也可能会出现东道国为了追求经济高速的增长，选择忽视其他因素，盲目、大量地引进外资，不管外资对当地环境有利还是有害。引进大量高污染、高排放外资企业，会对当地造成严重的环境污染，破坏生态系统。本书的研究可以明晰 FDI 对我国环境的影响方向、影响程度和异质性，有利于地方政府完善招商引资相关政策，尤其是环境监管政策，给地方政府对未来新能源和环境经济政策的选择提供一些参考依据，最终使我国吸引外资从"招商引资"向"择商引资"转变。

第二节　研究内容

本书借鉴外商直接投资理论、投资发展周期理论和环境经济学的最新研究成果，以我国省级层面外商直接投资、对外直接投资和环境污染为研究对象，分别探索外商直接投资对我国环境的影响和对外直接投资对我国环境的影响，并提出相应的对策及政策建议。

本书的研究内容共分为七章，具体章节安排如下。

第一章为绪论。简要说明选题的背景与意义、研究内容、研究方法以及创新点和不足之处等内容。

第二章为文献综述。本章按照国际资本的流动方向，将一国的国际直接投资分为对内国际直接投资（IFDI或FDI）和对外国际直接投资（OFDI），然后从对内国际直接投资的环境效应和对外国际直接投资的环境效应两个方面对国内外相关研究文献进行梳理。IFDI与东道国的环境效应从"污染天堂"假说、"污染光环"假说和IFDI的环境效应不确定三个方面进行了梳理。OFDI与母国的环境效应从OFDI对母国环境有正向的影响、OFDI对母国环境有负向的影响和OFDI对母国环境的影响不确定三个方面进行了梳理。此外，本章也梳理了双向FDI与技术创新的相关研究。IFDI与技术创新有正向、负向和不确定的关系，OFDI与技术创新也有正向、负向和不确定的关系。

第三章为双向FDI影响环境的理论基础。与投资相关的理论有环境要素禀赋理论、产业转移理论、国际生产折衷理论、小规模技术理论、技术创新产业升级理论和技术地方化理论。与环境相关的理论有环境库兹涅茨曲线、外部性理论、环境竞次理论、空气流域理论、"污染天堂"和"污染光环"假说。双向FDI影响环境的机制分析包括IFDI影响环境的机制分析和OFDI影响环境的机制分析。IFDI影响环境的机制包括技术效应、规模效应、结构效应和城镇化效应。OFDI影响环境的机制包括逆向技术溢出效应、规模效应、结构效应和倒逼效应。

第四章为中国双向 FDI 现状分析。首先，从中国 IFDI 发展历程、中国 IFDI 来源分布、中国 IFDI 投资方式、中国 IFDI 行业分布和中国 IFDI 区域分布上分析了中国 IFDI 现状。其次，从中国 OFDI 发展历程、中国 OFDI 来源分布、中国 OFDI 投资方式、中国 OFDI 行业分布和中国 OFDI 区域分布上分析了中国 OFDI 现状。

第五章为中国 IFDI 的环境效应的实证研究。首先是 IFDI 对中国城市空气污染的影响研究。本节以郑州市为例，研究发现我国城市空气污染不但具有长程相关性的特征，还会受其他地区空气污染的影响。这说明我国城市污染一部分原因是自身环境问题造成的，另一部分是外源性污染造成的。采用灰色关联度方法研究 IFDI 与各种空气污染物之间的关系，发现 IFDI 与 NO_2 的灰色关联度系数最大，接下来是 IFDI 与 $PM_{2.5}$、PM_{10}、CO、SO_2 和 O_3 的灰色关联度系数，分析发现与 O_3 的灰色关联度系数最小。其次是 IFDI、技术创新和碳排放效率的实证研究。本节使用超效率 DEA 模型测算了我国 30 个省市的碳排放效率值，发现东部地区效率值最高，其次是中部地区，最后是西部地区，这说明碳排放效率存在区域不平衡现象。我国碳排放效率值呈倒 U 形，2004 年开始逐步上升，达到峰值后下降。固定效应回归结果发现外商直接投资和研发支出都对碳排放效率有正向的影响，外商直接投资对研发支出也有正向而显著的影响。中介效应检验说明 FDI 不但会直接影响地区的碳排放效率，也会通过影响技术创新间接影响碳排放效率。

第六章为中国 OFDI 的环境效应的实证研究。首先对 OFDI 影响能源效率开展了实证研究。超效率 DEA 模型实证结果发现我国 30 个省级行政区划中超效率均值大于 1 的省级行政区有 11 个，超效率均值最低的 5 个省级行政区是新疆、辽宁、云南、吉林和河南。综合来看，全国能源效率值波动不明显，近几年有下降趋势。能源效率值有两次较为明显的波动，一次是 2008 年金融危机时，另一次是"十二五"规划的第一年（即 2011 年）。从东中西部分区域来看，东部地区的能源效率均值最大，其次是西部地区，最后是中部地区。总体上来看，OFDI 逆向技术溢出效应对能源效率有正向的影响。OFDI 逆向技术溢出效应对不同区域能源效率的影响具有异质性，对东中部地区能源效率有正向的影响，且对东部地区的影响大于对中部地区的影响，对西部地区能源效率的影响不显著。其次对 OFDI、能源效率与碳排放开展了实证研究。研究结果与大多数对中国碳排放的研究结果相一致，碳减排既来自技术水平的提高引致的能源效率的提升，也来自能源结构的改善。OFDI 逆向技术溢出有利于技术水平提高，对碳排放减少有正向的作用。以能源效率作为中介变量进行检验发现，OFDI 不但能直接导致碳排放减少，还能通过提高能源效率间接促使碳排放减少。在实证分析的基础上，笔者给出了有针对性的政策建议。

第七章是结论与政策建议。根据前几章的分析，得出有关 IFDI、OFDI 和多种环境变量关系的研究结论，并就我国目前的减排目标，提出相应的政策建议。

第三节　研究方法

本书运用国际投资学、环境经济学和计量经济学的研究方法，从多个角度研究中国对外直接投资与环境之间的关系。本书以实证检验为主，分别从 IFDI 与环境、OFDI 与环境两个方面开展研究。具体的研究方法可以归纳如下。

第一，理论分析与实证分析相结合。首先对与投资相关的理论进行梳理和归纳，笔者发现有环境要素禀赋理论、产业转移理论、国际生产折衷理论、小规模技术理论、技术创新产业升级理论和技术地方化理论。其次，对与环境相关的理论进行梳理和归纳，笔者发现有环境库兹涅茨曲线、外部性理论、环境竞次理论、空气流域理论、"污染天堂"和"污染光环"假说。在此基础上，对双向 FDI 影响环境的机制做了分析。IFDI 影响环境的机制包括技术效应、规模效应、结构效应和城镇化效应。OFDI 影响环境的机制包括逆向技术溢出效应、规模效应、结构效应和倒逼效应。在理论分析的基础上，对 IFDI 影响中国城市空气污染，IFDI、技术创新和碳排放效率，OFDI 影响能源效率，OFDI、能源效率与碳排放开展了实证研究。理论分析与实证研究相结合的方法，是本书的主要方法之一。

第二，宏观分析和中观研究相结合。本书从宏观角度分析了我国双向 FDI 现状，分别从发展历程、来源分布、投资方式、行业分布和区域分布上分析了我国双向 FDI 现状。在实证研究中，站在国家的层面上宏观分析了 30 个省级行政区 IFDI、技术创新和碳排放效率，OFDI 影响能源效率，以及 OFDI、能源效率与碳排放。中观层面上，在对 IFDI 影响我国城市空气污染的分析上，以郑州市为例，笔者发现郑州市的城市空气污染具有长程相关性的特征，这说明郑州市的空气污染受自身的影响较大。郑州市的空气污染还会受其他城市的影响，影响最大的几个城市是石家庄、洛阳、淄博和济南。该实证研究都是站在城市的层面上，研究较为具体深入。

第三，定性分析与定量分析相结合。本书分别运用定性与定量分析的方法研究我国双向 FDI 的环境效应。定性分析上，研究了我国双向 FDI 的发展历程、来源分布、投资方式、行业分布和区域分布，研究了我国能源效率、碳排放效率和碳排放状况。在定性分析的基础上，充分运用数据资料进行定量分析，采用 HYSPLIT 模型、聚类分析、PSCF 模型、CWT 模型和多重分形方法分析了郑州市空气污染的特点，采用灰色关联度方法研究了 IFDI 对我国城市空气污染的影响，采用固定效应回归和 Tobit 回归检验了 IFDI、技术创新和碳排放效率，采用工具变量法和中介效应回归检验了 OFDI、能源效率与碳排放。

第四节　创新点与不足之处

本节主要研究本书的创新点和不足之处。创新点包括研究视野的创新、理论创新和实证创新。本书与以往研究相比,存在许多不足之处,主要包括碳排放和能源效率的测量不充分,未考虑 IFDI 和 OFDI 之间的交互作用。

一、创新点

第一,研究视野的创新。以往文献对国际直接投资影响地区环境的研究绝大部分是考察某一种国际直接投资,例如 IFDI 或 OFDI 对碳排放的影响,鲜有同时考虑两种国际直接投资方式对环境的影响的,而且对环境污染的指标绝大部分采用碳排放,较少考虑其他衡量环境的指标。

第二,在理论研究上,本书拓展了投资发展周期理论,把环境经济学理论、凯恩斯的总需求理论、结构经济学理论与投资发展周期理论糅合在一起,强调了母国的地位。母国宏观经济的发展水平会对国家的对外直接投资水平造成影响,反过来,母国的对外直接投资又会影响母国的经济和环境。本书强调了对外直接投资与母国环境的互动效应,拓展了投资发展周期理论。

第三,在实证研究上,使用 2005—2021 年《中国统计年鉴》、《中国科技统计年鉴》、《中经网统计数据库》、世界银行、联合国贸易和发展会议数据库(贸发会议)和中国碳排放数据库的数据,对我国双向 FDI 和环境做了实证检验,并做了异质性分析。多种数据来源和中介效应检验是本书实证研究的创新点。

二、不足之处

第一,碳排放和能源效率的测量不充分。国内外关于碳排放测量的研究文献较多,近年来盛行的碳足迹测量方法更为科学,但由于数据的可得性,本书选用碳排放数据库已有数据,没有直接进行碳排放测量。以往研究对能源效率的测量有多种方法，DEA 方法是较为流行的方法，本研究虽然采用了超效率 DEA 方法，但由于数据缺乏，没有测量全要素能源效率。

第二，未考虑 IFDI 和 OFDI 之间的交互作用。本书第五章和第六章分别实证研究了 IFDI 和环境、OFDI 和环境之间的关系，也尝试构建 IFDI 和 OFDI 的交互项进行回归分析。结果发现，使用两者的交互项不能较好地反映省级层面的行为特征，该指标与单个指标的对比结果差异较大，实证分析所得结果也不太理想。因此，本研究舍弃了 IFDI 和 OFDI 的交互项，只考察某一种投资和环境之间的关系。

第二章　文献综述

按照国际资本的流动方向来分，一国的国际直接投资可以分为对内国际直接投资（IFDI）和对外国际直接投资（OFDI），对内国际直接投资也叫作外商直接投资（FDI），对外国际直接投资也叫作对外直接投资。本部分从对内国际直接投资的环境效应和对外国际直接投资的环境效应两个方面对国内外相关研究文献进行梳理。

第一节　IFDI 与东道国的环境效应

IFDI 与东道国环境污染的关系存在著名的"污染天堂"假说和"污染光环"假说。"污染天堂"假说认为在经济全球化的过程中，发达国家将污染型产业转移到发展中国家，在促进发展中国家经济发展的同时，又加剧了对化石能源的使用，产生大量的空气污染物（Omri et al., 2014；Nadeem et al., 2020）。"污染光环"假说认为在国际资本跨区域流动的过程中，FDI 通过绿色技术溢出、资源优化配置等途径能促进国内产业结构升级和能源结构优化，减少了环境污染（Zhu et al.，2016）。

一、"污染天堂"假说

"污染天堂"假说认为随着经济全球化和一体化的发展，国际分工不断深化。一方面，发达国家高的环境规制使大量污染密集型企业向海外转移（Walter and Ugelow，1979）；另一方面，发展中国家经济处于较低的水平并具有较低的环境规制，在污染密集型产业的集聚上有较强的"吸力"。随着发展中国家经济的发展，大部分国家会继续实行宽松的环境规制政策，以吸引更多的高污染的 IFDI 流入（Leonard，1984）。因此，笔者对"污染天堂"假说的检验集中于以下两个方面：①检验发达国家是否对发展中国家进行了高污染产业的转移，增加了发展中国家的环境污染；②检验发展中国家是否有宽松的环境规制吸引了大量污染密集型 IFDI 的流入，经济发展是否建立在粗放式的经济增长的基础上。

对发达国家而言，一些污染密集型企业处于产品生命周期的衰退期，国内高的环境规制强度促使这些企业寻求向国外转移以获得边际收益。一些学者从发达国家的角度验证了"污染天堂"假说的存在。Copeland 和 Taylor（1994）从发达国家是否进行污染产业转移上检验了"污染天堂"假说。他们在研究南北贸易时提出了"产业漂移"的概念，通过"产业漂移"，发达国家将失去优势的夕阳产业转移到发展中国家，以继续保持国际竞争优势。在转移过程中，环境规制对高污染产业的外商直接投资起了门槛的作用，影响了高污染产业在世界范围内的布局。外商直接投资将污染密集型产业转移到东道国进行生产，节约了企业的生产成本，获得利益最大化，这使东道国成为"污染天堂"。Wagner 和 Timmins（2010）在研究德国对外直接投资的数据时，发现德国化工领域的对外直接投资对其他国家的环境都造成了负面的影响，使这些国家成为"污染天堂"。

Chung（2014）发现环境规制强度低的国家和地区会成为"污染天堂"，原因是高污染产业会投资于该地区，这些地区又普遍是发展中国家。因此，污染密集型的跨国公司会导致发展中国家的环境质量不断恶化。但对具有高水平环境保护技术的跨国公司而言，其更愿意投资于环境规制强度高的地区，以减少潜在的竞争压力。对污染密集型产业和非污染密集型产业而言，它们对投资区位可以有不同选择。Mani 和 Wheeler（1998）在研究拉美和亚洲国家、OECD（Organization for Economic Co-operation and Development，即经济合作与发展组织）国家的外商投资时，发现 OECD 国家污染密集型产业所占的产出比例不断减少，而非污染密集型产业所占的产出比例不断上升，拉美和亚洲国家行业产出比例却与之相反，这证明了"污染天堂"假说。

在国内学者的研究中，张磊等（2018）选取了 2000—2014 年 55 个国家外商直接投资与雾霾污染的数据，研究发现不论母国投资者本身的资本流入目的或具体传导途径如何，IFDI 总体上增加了东道国的雾霾污染，因此印证了"污染天堂"假说。IFDI 的雾霾污染效应具有一定的异质性。尽管不同空气质量国家的 IFDI 都显著加重了雾霾污染，但发展中国家 IFDI 污染程度会增加，发达国家 IFDI 的污染效应则不显著，原因是发达国家环保技术先进，环保标准较高。昌敦虎等（2022）发现对"一带一路"沿线国家的 FDI，造成了这些国家碳排放的"污染天堂"效应。这是因为"一带一路"沿线国家在吸引跨国公司投资时有较强的优势，但由于各国环境规制不同，造成了他国对沿线国家不同的环境污染效应。值得注意的是，自"一带一路"倡议提出以来，我国对沿线国家投资的碳排放效应在降低，这说明我国在企业对外投资中的绿色低碳要求得到了较好的实践，"污染天堂"效应因此弱化。

对发展中国家而言，经济发展的初期，吸引外商直接投资成为促进经济发展的重要手段。因此，各个地方就会制定一些"环境让位于经济"的政策措施以招商引资。这在促进地方经济发展的同时，也带来了环境污染。一些文献基于发展中国家的角度验证了"污染天堂"假说的存在。Benarroch 和 Thille（2001）发现一些发展中国家会降低环境规制强度，主动放松环境监督，以吸引更多的外商投资。这不但造成了发展中国家环境污染的加剧，也导致了发展中国家之间的恶性竞争。需要注意的是，国家的经济发展与环境规制之间存在较强的关系，越是经济发达的国家环境规制强度越高，反之，越是经济落后的国家环境规制强度越低。因此，东道国经济发展水平的差异会在一定程度上影响 FDI 对东道国的环境效应，FDI 会增加经济发展水平较低国家的环境污染水平（Hoffmann et al.，2005）。环境规制强度的大小的确对高污染 FDI 的流入有重要的影响，环境规制强度低的国家或地区容易成为"污染天堂"，发达国家向环境管制强度低的国家或地区投资污染密集型行业以及具有较低环保水平的行业，从而导致东道国环境质量下降（Bu and Wagner，2016）。

国内学者的研究中，朱东波和任力（2017）发现我国仍然处于环境库兹涅茨曲线的左边，说明"污染天堂"假说在我国存在。由于我国环境规制强度较弱，环境规制体系欠完善，导致外资集中于污染型行业。发达国家为降低生产成本、维持产品价格优势与竞争力，而将我国定位为污染型产品生产地，或者将在本国被禁止的污染型生产链与重大项目转移至我国。这在一定程度上刺激了我国高能耗、高污染、低效率的工业发展，并固化了我国粗放型、不合理的工业发展模式，从而使我国沦为发达国家的"污染天堂"（任力和黄崇杰，2015）。因此，为了促进中国工业绿色转型，应该将环境规制作为外资准入的重要门槛。冷艳丽等（2015）发现外商直接投资对雾霾污染有正向的影响。可能的原因是作为发展中国家，中国与发达国家相比在环保方面存在着环保意识不强、法规不健全和管制标准低等问题，吸引了大量的污染密集型外商直接投资，从而加剧了中国的雾霾污染程度，从这个意义上来说，"污染天堂"假说在中国可能是成立的。魏玮等（2017）等发现中国环境规制强度不仅存在明显的波动性，在不同区域也存在较强的异质性。东部地区环境规制强度较高，中西部地区环境规制强度较低且呈下降趋势。在吸引外商直接投资时，东部地区并没有降低环境规制强度的行为，而西部地区则存在以牺牲环境承载力为代价来实现招商引资的动机。

在"污染天堂"假说的验证研究中，发达国家的"推力"和发展中国家的"吸力"并不是孤立存在的，二者存在协同作用，对东道国的环境污染造成了马太效应。Esty 和 Geradin（1997）发现跨国公司进行对外投资时，会寻求生产成本低和市场潜力大的国家，这些国家往往对环境规制的要求低，因而环境成本也较低。与此同时，发展中国家为了发展本地经济，往往会做出一定的环境牺牲，通过降低环境标准或放宽环境法规等方式吸引外商直接投资。发达国家对污染产业的"推力"和发展中国家对污染产业的"吸力"使发达国家与发展中国家之间的环境质量水平出现马太效应。

二、"污染光环"假说

"污染光环"假说认为跨国公司具有先进的生产技术和较高的环境规制标准，在对外投资时，一方面，跨国公司在东道国投资建厂的过程中会被动地将高效的生产方式和绿色技术以及环境管理体系带到东道国，降低跨国企业的污染物排放量；另一方面，跨国公司先进的技术和环境管理经验会通过学习、竞争和示范效应对东道国的企业产生扩散效应（Letchumanan and Kodamat，2000；Hassaballa，2014），东道国企业会主动学习跨国公司先进的技术和环境管理经验，提高企业的资源利用率和生产率，通过联动效应带动整个行业的生产方式发生改变，最终对东道国生态环境产生正面的影响。

在国外的研究中，Birdsall 和 Wheeler（1993）较早对"污染天堂"假说提出了质疑。他们通过实证分析发现发达国家在向发展中国家对外投资时，带动了发展中国家清洁产业的发展，降低了环境污染水平。Eskeland 和 Harrison（2003）把对外投资企业分为环境友好型和环境不友好型，研究发现环境友好型投资企业有利于东道国的环境质量水平提升，而且环境友好型外商投资企业比内资企业更加注重环境保护。

Wheeler（2001）分析了美国、古巴、中国和墨西哥的外商直接投资和空气污染程度，发现古巴、中国和墨西哥吸收外资最多，美国吸收外资较少，但外资流入的增加对这四个国家的城市空气质量都有负面的影响，证实了"污染光环"效应的存在。Cole 等（2006）发现了"污染光环"效应的存在，可能的原因是以资本密集度不断提高为主要形式的产业结构升级，在一定程度上促进了污染排放技术的改进。各个地区的环境规制强度在增强，这会对外商直接投资的污染排放行为产生抑制效果。

Gao 和 Zhang（2013）研究发现外商直接投资对东道国存在技术溢出效应，这种溢出会激发当地企业开展技术创新，提高研究水平，进而改善区域环境治理。外商直接投资企业带来的先进技术不但能直接对地区的环境质量产生正向作用，而且可以通过技术溢出效应提高该区域内的本土企业的创新能力，间接地提高该地区的环境质量。Liu 等（2017）的研究发现发达国家自身的先进环保技术和环境污染控制体系，会在进行对外投资时溢出到东道国，可以在不同程度上提升东道国的环境质量水平。

在国内的研究中，王道臻等（2014）从国家层面发现外国直接投资总量和工业二氧化硫处理率之间存在显著的正相关关系，置信水平为 99%。他们认为如果外资流入国制定了符合本国国情的环境规制政策或者进入该国家的是技术密集型外资，那么外资的流入能够有效帮助东道国提高其对污染物的处理能力。白俊红和吕晓红（2015）在分析 IFDI 质量影响环境污染机理的基础上，利用普通面板回归和门槛回归方法，实证检验了 IFDI 质量对环境污染的影响。发现 IFDI 质量的提升总体上有利于我国环境污染的改善，且不同的 IFDI 质量指标对环境污染的影响具有明显的地区差异。为了更好地发挥 IFDI 质量提升的环境污染改善效应，不同地区可根据自身的地理条件和经济发展水平，制定不同的引资政策，从而使政策更富有针对性。霍伟东等（2019）将外商直接投资进入东道国后所产生的创新溢出效应分解为生产型溢出和生态型溢出两种形式。在经济发展转型时期，外商直接投资的创新效应将逐步集中在生态型创新溢出效应，东道国的自然环境会直接和通过生态技术创新溢出间接降低环境的工业污染，这使外商直接投资的环境效应满足"污染光环"假说。因此，要积极通过社会进步约束企业对生态环境保护的责任感，同时通过社会要素的增进提高对外商直接投资生态创新溢出的吸收与消化能力，提升生态创新的扩散力来提升内资企业的污染治理水平。

朱金鹤和王雅莉（2018）发现从全国层面看，外商投资对本地区技术创新与溢出的"污染光环"效应大于外商投资的"污染天堂"效应，即"波特假说"成立而"污染天堂"假说不成立。"波特假说"的成立条件启示地方政府要避免企业采取遵循成本策略，需将污染外部性的内部化控制在企业承受限度内，从而保障绿色全要素生产率提升动力——创新力。刘朝等（2022）发现我国对"一带一路"沿线国家投资导致了沿线国家碳排放减少，证明了"污染光环"效应的存在。在分析原因时，发现我国 OFDI 的规模效应增加了沿线国家碳排放，而我国 OFDI 的结构效应和技术效应减少了沿线国家碳排放，总效应是我国 OFDI 减少了沿线国家碳排放。张俊彦（2021）发现我国外商直接投资存在"污染光环"效应，可能的原因一是 FDI 的技术优势会降低单位产值的碳排放，促进环保技术升级和技术进步，这又会通过技术溢出到国内企业，提升地方的环境质量；二是 FDI 会促进东道国产业结构高级化，使制造业向高端领域或服务业转型，加速淘汰高污染产业，提高节能减排技术。

在区域层面上，李力等（2016）发现珠三角作为外商直接投资的聚集地，FDI 给珠三角带来了经济增长和技术转移，但也使环境质量急剧恶化。对比分析 FDI 对珠三角的正负影响时，发现 FDI 更有利于改善珠三角地区的雾霾污染，"污染光环"效应更为明显。因此，珠三角地区不但要继续吸引外资流入，还要结合自身经济发展水平和雾霾污染实际情况给予不同的引资政策导向，注重吸引一些环境友好型外商投资企业，严格限制外资企业投资到高能耗、高污染行业。建议政府制定严格的环境准入标准，建立有效的环境激励机制，以实现经济与环境的协调发展。郑强等（2017）在系统论证 FDI 环境门槛效应产生机制的基础上，以改进熵值法构建环境污染综合指数，并运用普通面板回归和门槛回归方法，实证检验了我国 FDI 的环境效应，发现沿海和内陆地区 FDI 具有显著的"污染光环"效应。经济发展、人力资本和金融发展水平越高，FDI 的"污染光环"效应越明显，而适度的环境规制才更有利于 FDI 环境技术溢出的发挥。郝宇和刘一鸣（2015）在研究我国省际的环境效应时，得出"污染光环"假说存在，外商直接投资会减轻我国的环境污染，可能的原因是外资带来的环保生产技术优于现阶段的技术水平，通过技术外溢来提高生产效率。因此，应充分利用外资企业的先进技术，控制环境标准，鼓励发展高新技术。

在行业层面上，盛斌和吕越（2012）发现 FDI 无论是在总体上还是在分行业上都有利于减少我国工业的污染排放，证实了"污染光环"效应的存在。分解效应显示技术引进与扩散带来的正向技术效应超过了负向的规模效应与结构效应，可能的原因是包含产业政策、税收政策、贸易政策和外资政策等措施在内的环境政策在一定程度上起到了环境保护的积极效果。因此，充分发挥 FDI 在环保方面的示范与引领作用是我国转变经济发展方式，尤其是校正高能耗、高污染和低技术增长模式的一个重要战略举措。许和连和邓玉萍（2016）借鉴朱英明等（2012）的研究思想，构建了一个包含产业集聚和污染治理因素的一般均衡模型来分析 FDI 和污染排放之间的关系。通过实证分析发现，FDI 降低了行业污染排放强度，而产业集聚又强化了 FDI 的减排溢出效应。FDI 和产业集聚共同降低了行业内的污染水平，带动了行业间的策略性减排竞争。产业集群水平对 FDI 的减排效应有重要的作用，提高产业集群水平会提升 FDI 的减排效果。建议地方政府积极吸引高质量、高效益的外资，制定合理政策引导产业集聚水平，最终实现引资与环保的双赢。

三、IFDI 的环境效应不确定

除了"污染天堂"假说和"污染光环"假说外，也有学者发现 IFDI 对东道国的环境影响是不确定的。一些学者从区域层面发现 IFDI 的环境效应既存在"污染天堂"效应，也存在"污染光环"效应。刘飞宇和赵爱清（2016）证实 FDI 对中国城市环境污染具有"污染光环"和"污染天堂"的双重效应。他们以工业二氧化硫排放量、工业废水排放量和工业烟尘排放量作为污染源衡量环境污染，发现 FDI 对不同污染源的环境效应有所不同，且对同一污染源在不同地区的环境效应也存在差异。东部地区应制定严格的环保标准，强化环境监督管理体系，模仿国外先进的绿色生产技术并开展技术创新。中西部地区要严格审查东部地区高污染行业向该地区转移，积极引导外商直接投资向环保型领域发展。施震凯等（2017）在做总样本研究时发现，期初显著恶化了城市的雾霾现象，维持5期后才逐步消散，在第6期开始改善了城市的雾霾现象，这说明中国城市的雾霾污染同时存在"污染天堂"以及"污染光环"效应。在做分样本研究时，发现外商直接投资对不同区域雾霾污染的效应存在较大的差异，东西部地区呈现出污染加重后再逐步缓解的趋势，而中部地区则相反。分样本显示FDI同时存在"污染天堂"和"污染光环"的双重效应。

刘乃全和戴晋（2017）在对"一带一路"沿线国家的外商直接投资的研究中发现，中国对"一带一路"沿线国家投资显著减少了"一带一路"沿线国家的二氧化碳排放量与人均二氧化碳排放量，而其他国家对"一带一路"沿线国家的投资则增加了碳排放量，说明不同投资来源对"一带一路"沿线国家存在"污染光环"和"污染天堂"效应。沿线国家为争取更多的外商投资，存在"向环保标准底线赛跑"的"竞次效应"，这导致外商投资的环境效应存在两极分化。刘舜佳（2016）在经典线性EKC模型中加入了FDI，将FDI知识溢出分为物化型知识溢出和非物化型知识溢出，研究FDI知识溢出的环境效应。结果发现FDI物化型知识溢出会通过规模效应增加资源消耗，不利于地区环境质量，在区域内表现出"污染天堂"效应；FDI非物化型知识溢出会降低实体资源投入，降低FDI所在区域以外其他地区的工业废气污染水平，在区域外表现出"污染光环"效应。研究结论对引资结构、引资模式、引资对象、溢出渠道有较为具体的对策建议。

张鹏等（2013）发现市场化水平在外商直接投资对环境的影响中起着重要作用。在市场化较为落后的地区，外商直接投资恶化了当地生态环境；在市场化较高的地区，外商直接投资能够改善区域的环境质量。"污染天堂"效应和"污染光环"效应的地区差异是因为市场化程度较高的地区通常拥有较为完善的政府政策、较好的公共设施和人力资源平台和较成熟的要素和产品市场，这些都为外商投资企业进行技术研发、提高环境质量创造了条件。而市场化程度较低的地区政策和平台的落后不利于开展技术创新，就不能提升环境质量。张文爱和罗润万（2021）发现 FDI 对中国碳排放的影响存在显著的地区差异，对东部地区的碳排放有正向的影响，支持了"污染天堂"假说；对中部地区的碳排放有负向的影响，支持了"污染光环"假说；对西部地区的碳排放没有影响，既不支持"污染天堂"假说，也不支持"污染光环"假说。

除了区域异质性外，不同行业在"污染天堂"效应和"污染光环"效应上也有所不同。孙淑琴和何青青（2018）以中国制造业 27 个行业为研究对象，发现劳动密集型和重污染资本密集型行业的外商直接投资对环境质量有负面的影响，轻污染资本密集型行业的外商直接投资对环境质量有正面的影响。这证实了"污染天堂"效应和"污染光环"效应的存在且有较大的行业异质性。李新安和李慧（2022）发现 FDI 对中国制造业碳排放的影响存在较大的行业差异。他们根据资本劳动比把中国制造业 27 个行业划分为资本密集型行业和劳动密集型行业，发现 FDI 对资本密集型行业的碳排放具有抑制作用，但抑制作用弱于制造业整体。FDI 对劳动密集型行业的碳排放具有促进作用，不利于制造业整体碳排放的减少。

学者们对"污染天堂"效应和"污染光环"效应存在的原因展开研究。Antweiler 等（2001）建立了开放经济下经济与环境关系的一般均衡模型来分析 FDI 与东道国的环境之间的关系。发现"污染天堂"假说和"污染光环"假说都存在，而且东道国的国家类型和比较优势都会在一定程度上影响经济开放程度与环境污染之间的关系。在东道国经济发展的不同阶段，FDI 对环境影响的方向会有所不同，是否存在"污染天堂"效应和"污染光环"效应的关键在于 FDI 是否能产生正向的环境技术溢出。林季红和刘莹（2013）认为"污染天堂"假说之所以成立，是因为"污染天堂"假说认为环境规制的变化会导致污染密集型产业从环境规制较严的国家转移到环境规制较松的国家，但环境规制变量本身的内生性会干扰检验结果的稳健性，而且在实证分析中，环境规制变量本身的内生性会干扰检验结果的稳健性。因此，他们采用面板固定效应模型和随机效应模型进行估计，并利用工具变量法克服环境规制变量的内生性。结果显示，当环境规制被视为严格外生变量时，"污染天堂"假说不成立。当环境规制被视为内生变量时，"污染天堂"假说成立。他们的研究为验证"污染天堂"假说是否成立提供了一个新的思路和拓展方向。

杨子晖和田磊（2017）发现绝大部分省份 FDI 污染系数的估计值显著为正，且越靠近东部的省份，FDI 污染系数就越大，这证明了"污染天堂"假说的存在。内蒙古与山东的 FDI 污染系数显著为负，证明了"污染光环"假说的存在。究其原因，是外商投资对内蒙古与山东的风力发电发展起了重要的促进作用，而内蒙古和山东是我国主要的风能发电区。外商投资促进了山东光伏发电等新兴能源的迅猛发展，促使清洁能源在内蒙古和山东能源消耗中的比重大大提升，降低了当地的污染排放，改善了生态环境。此外，各地区高的环境规制强度也对 FDI 的污染排放行为产生了抑制作用。

有的学者从投资动机上分析"污染天堂"效应和"污染光环"效应存在的原因。刘凯等（2019）发现"污染天堂"假说和"污染光环"假说都存在，他们将外商直接投资的投资动机分为市场寻求型、效率寻求型、资源寻求型和战略资产寻求型，并以此为依据去探究"污染天堂"假说和"污染光环"假说存在的原因。市场寻求型 FDI 存在"污染光环"效应，因为跨国公司对东道国的投资会通过竞争效应、示范效应和人才流动效应促使企业进行技术创新降低能源强度。效率寻求型 FDI 存在"污染天堂"效应，因为它主要利用东道国廉价的劳动力优势，缺乏技术创新，产业关联较弱。有的学者从门槛效应上分析"污染天堂"效应和"污染光环"效应存在的原因。苏慧娟（2022）用人均 GDP 设置门槛，发现当低于人均 GDP 的门槛值时，FDI 会增加东道国碳排放；当高于人均 GDP 的门槛值时，FDI 会减少东道国碳排放。可能的原因是经济发展水平较低时，FDI 的流入有助于当地生产规模扩大，增加了碳排放。当经济发展到一定水平时，政府对 FDI 的流入有一定的政策导向，多流向新技术产业、清洁能源产业等，提高了生产效率，减少了碳排放。

第二节　OFDI 与母国的环境效应

OFDI 对母国环境影响的研究仍处于起步阶段，国内外学者尚未达成统一的结论。有的学者认为 OFDI 对母国环境有正向的影响，有的学者认为 OFDI 对母国环境有负向的影响，也有的学者认为 OFDI 对母国环境的影响不确定。

一、OFDI 对母国环境有正向的影响

一些学者发现 OFDI 对母国环境有正向的影响。Yang 和 Liu（2013）发现 OFDI 是日本二氧化碳排放量减少的格兰杰原因，说明 OFDI 对日本国内环境质量有正向的影响。Cozza 等（2015）在分析 OFDI 对国内企业经营活动影响的基础上，发现 OFDI 有利于高新技术企业的发展，高新技术企业的发展在提升国家经济发展水平的同时，也对地方生态保护起了促进作用。张亚楠（2021）采用工业废水、工业二氧化硫和工业烟尘排放衡量环境污染，研究中国企业对外直接投资对母国环境的影响。结果发现中国对"一带一路"沿线国家 OFDI 有利于降低母国三种环境污染。当母国公司投资在规模大的城市，或者投资方式为并购时，OFDI 对母国环境污染问题的改善效果更为明显。研究还发现 OFDI 通过产业转移机制和逆向技术溢出机制影响母国环境，应该鼓励技术寻求型投资，以带动国内技术发展和产业结构升级，提升母国环境质量水平。

有的学者研究了双向 FDI，发现双向 FDI 对母国环境有正向的影响。董婉怡等（2021）研究双向 FDI 协同发展水平的环境效应，发现 FDI 和 OFDI 都利于环境污染的改善，但 FDI 对环境污染的改善作用要大于 OFDI。双向 FDI 协同水平的提升有助于缓解当地的环境污染压力，但其对于本地环境污染的改善作用要受到其他地区环境污染的影响。因此，应立足"引进来"和"走出去"的"双循环"发展战略，确保 IFDI 与

OFDI 在经济循环中的畅通无阻，激发双向 FDI 协同积极环境效应的发挥。Wang 和 Xie（2017）实证分析了 FDI、OFDI 和国际贸易对中国碳排放的影响。他们发现无论是 FDI 还是 OFDI，都有利于减少中国的碳排放，而出口贸易则不利于碳排放减少。进一步的研究发现 FDI、OFDI 和国际贸易对中国碳排放的影响存在区域异质性，不同区域的碳排放量存在较大差异。王正明和温桂梅（2013）将进口贸易、出口贸易、FDI、OFDI 联系在一起，综合考虑这四大因素对国内碳排放的动态影响，发现滞后 1 期、2 期的 OFDI 对碳排放有负向的影响，说明 OFDI 增加会减少二氧化碳排放。因此，政府应建立新型"走出去"战略，企业除遵守必要的商业规则和国际惯例外，还应把节能减排和应对气候变化作为重要参考指标，在充分利用海外企业技术资源优势的同时，开展自主研发，获得降低国内碳排放的技术效应。

学者们研究了 OFDI 正向影响母国环境的中介效应。屈小娥和骆海燕（2021）发现 OFDI 对母国环境污染有正向的影响。影响机制分析表明 OFDI 对母国环境污染的程度取决于产业结构升级、提升企业绿色技术创新水平和缓解要素市场扭曲这三个中介对母国环境污染的抑制作用和这三个中介对母国环境污染的促进作用的对比结果。顺梯度 OFDI 和逆梯度 OFDI 对母国环境污染是促进还是抑制也取决于这几个中介变量的对比结果，因此，不同类型 OFDI 对母国环境污染的影响存在异质性。考虑到 OFDI 通过促进产业升级和缓解要素市场扭曲对碳排放的间接抑制作用，建议国内劣势产业向他国转移以获得持续竞争优势，集中力量发展国内优势产业。朱东波和张月君（2020）认为规模扩张、结构转型以及技术增进是影响一国环境的主要途径。因此 OFDI 会通过规模效应、结构效应和技术效应影响一国的环境。他们研究发现总体上中国 OFDI 有利于减少母国污染物排放，具体到三个影响机制上：首先，OFDI 有利于母国经济扩展、规模扩大，导致污染物排放增加；其次，OFDI 有利于母国产业结构升级，提高产业发展技术水平，减少污染物排放；最后，OFDI 的逆向技术溢出效应会提高母国技术发展水平，改革生产和技术工艺，减少母国污染物排放。因此，在母国环境治理上，要充分考虑 OFDI 的影响机制，从优化结构、提高技术水平方面促进 OFDI 发展，改善国内环境。

为什么 OFDI 会正向影响母国环境？学者们给出了不同答案。欧阳艳艳等（2020）发现企业进行对外直接投资有助于减轻母国公司所在城市的环境污染水平，也会减少本地城市向周边城市的污染溢出。OFDI 对本地城市环境污染的负面影响受到周边其他城市环境污染的影响。这是因为地级市环境污染存在空间溢出效应，周边城市的环境污染会正向影响本地的环境污染，并且环境污染存在地区集聚的现象。因此，可通过 OFDI 整合国内外资源，利用先进的外部技术，从而达到节能减排的可持续发展目标；通过城市群建设，建立环境保护的空间联动效应。谢文武等（2011）发现 OFDI 有利于减少国内碳排放：一是因为企业在开拓海外市场的过程中，会将生产环节的大量碳排放转移至海外，从而降低了国内的二氧化碳排放量；二是因为国际贸易除了最终产品贸易外，还有大量的中间产品贸易，跨国公司将中间产品贸易放在海外，再通过进口贸易把中间产品作为投入品运到国内，完成核心技术的关键生产环节，降低了国内的碳排放量。

学者们对如何增加 OFDI 以提升环境质量给出了对策建议。朱婕和任荣明（2015）发现对外直接投资与母国环境污染之间存在不对称的关系。对外直接投资的增加对母国环境污染起了抑制作用，而母国环境污染却对 OFDI 有促进作用。因此，建议地方政府从以下三个方面调整生产方式：积极寻找、开发清洁能源；学习和发展先进技术，提高能源利用率；改进废气和废水处理工艺，尽量做到节能减排；在全球化发展进程中为节能环保尽职尽力。朱战胜（2021）研究了 OFDI 的规模效应、结构效应、逆向技术溢出效应对中国生态环境的影响，发现对外投资通过提高国内经济水平达到优化国内生态环境的效果，即 OFDI 的规模效应对中国生态环境保护有正向的影响。OFDI 并未通过优化中国产业结构进而改善中国生态环境，原因是发达国家严格的环保标准使得中国污染密集型产业很难转移出去。建议中国 OFDI 企业通过学习国外先进的清洁技术对国内产生逆向技术溢出效应，改善中国的生态环境。

二、OFDI 对母国环境有负向的影响

学者们发现 OFDI 对母国环境水平的提升也有不利的影响。张昌兵等（2022）发现 OFDI 会增加碳排放并存在空间溢出效应，但在时空演化上存在一定的差异。在时间上，OFDI 增加碳排放的效应随着时间推移而逐年减弱；在空间上，绝大多数省份 OFDI 导致碳排放减少的效应随时间推移而显著提高。从时间演化和空间分布看，OFDI 有利于显著抑制中国碳排放。Ghosh 和 Wang（2009）发现 OFDI 的增加对国内经济有正向的影响，国内生产活动的增加也增多了对外贸易活动，因此，OFDI 的规模效应对母国生态环境有不利的影响。

学者们对 OFDI 负向影响母国环境的原因进行了分析。许可和王瑛（2015）对中国对外直接投资和本国的碳排放进行了研究，发现 OFDI 会增加本国的碳排放量，这是因为 OFDI 的增加会提高第二产业的比重，而第二产业为高碳排放产业，因此会使得中国 CO_2 排放量增多。在分样本研究中，OFDI 对环境的负向影响在中西部地区会更大一些，主要是因为中国高污染和高能耗产业向中西部转移，增加了这些地区的环境污染。龚新蜀和韩俊杰（2019）发现中国 OFDI 对母国环境污染有重要的影响，分析原因发现 OFDI 的逆向技术溢出效应和结构优化效应效果不明显，不能超过规模效应对母国环境的恶化作用。加入市场一体化指标后，发现市场一体化与对外直接投资的交互项，发现市场一体化有利于减少 OFDI 对母国环境的不利影响。他们把市场一体化进行分类，发现产品市场一体化增强了 OFDI 的母国环境污染，要素市场一体化在 OFDI 对母国环境效应的影响上不显著。

刘夏等（2019）发现 OFDI 增加了中国的二氧化碳排放量。究其原因，OFDI 通过影响产业结构进而影响了碳排放，且在不同地区有不同的影响机制。东部地区的产业结构合理化和高级化对二氧化碳排放具有显著的抑制作用，但在考虑 OFDI 后，这种抑制作用变成了促进作用。中部地区的产业结构合理化对碳排放具有负向的作用，但产业结构高级化对碳排放影响不显著。加入 OFDI 变量后，产业结构合理化和高级化对二氧化碳排放

都具有正向的影响。西部地区的产业结构高级化的碳排放效应为正，但其结果并不显著。因此，对外投资政策与国内产业结构绿色发展政策应协同一致，不鼓励片面加大投资，各地区应因地制宜地制定对外投资政策。王柏杰和周斌（2018）发现 OFDI 和环境污染是正相关的关系，OFDI 不但不能有效减缓污染排放，反而有加剧的迹象，尤其在对外投资高的地区对污染的正相关更加明显。这是因为对外直接投资挤占了部分国内投资资金，导致国内资金流动趋紧，造成对环保技术产品研发和能源结构调整的资金投入减少，不利于环境治理。

杨浩和孙建（2019）发现 OFDI 对环境的影响存在经济发展水平门槛值，低于门槛值时，OFDI 对环境污染的正向影响会下降。这是因为在经济发展水平较低时，为了缓解国内资金外流的压力，政府会设置严格的"走出去"壁垒，使得企业难以将产能低下的污染积聚型产业对外转移，这增加了国内环境污染。当经济发展水平提升时，企业拥有丰裕的资本可以"走出去"，再加上国内环境规制强度加大，造成了企业将低产能、高污染企业转移出去，以逃避国内严格的环境监管，获得更多的利润。

荣超（2020）对中国双向 FDI 的碳排放效应进行实证分析，发现对外直接投资对中国碳排放有促进作用。分样本分析发现东、中、西部的 OFDI 都会增加本地区二氧化碳排放量，且东、中、西部地区 OFDI 对二氧化碳的增加效应依次减少。加入环境规制变量后，OFDI 对中国碳排放的促进作用会减弱，主要是因为环境规制强度增加会提高中国高碳排放企业的生产成本，迫使其进行转移或采用碳减排技术，提升能源利用率，最终减少碳排放量。

有学者对 OFDI 的环境效应进行了分解。刘桂兰（2016）首先从规模效应、结构效应、反向溢出效应上分析对外直接投资影响母国环境的作用机理，然后构建联立方程模型实证分析中国 OFDI 的环境效应，结果发现 OFDI 主要通过规模效应和反向溢出效应影响母国环境且影响较小。OFDI 加重了母国的环境污染，东部地区的实证结果也证明了 OFDI 不利于母国的环境改善。因此，要加大力度将 OFDI 对母国环境结构效应的负向影响转变为正向影响，并在投资过程中加强国际技术领域的合作。同刘桂兰（2016）一样，胡星（2018）也首先从规模效应、结构效应和技术效应三方面分析了长江经济带对外直接投资影响区内碳排放的作用机制，然后构建联立方程模型，实证检验了长江经济带对外直接投资的碳排放效应。结果发现长江经济带 OFDI 的三种效应都能显著影响地区二氧化碳排放量，规模效应与结构效应为正，技术效应为负，总效应为正。因此，长江经济带 OFDI 的增加加重了资本输出地的二氧化碳排放量。

丁安琪（2019）将 OFDI 影响母国环境的机制概括为规模效应、结构效应和技术效应，发现 OFDI 带来了母国环境污染，原因在于 OFDI 的技术效应远远低于产业结构效应与经济规模效应，这说明中国 OFDI 企业从国外学到了先进的生产技术，提高了劳动生产率，但环保技术的学习较少。中国 OFDI 企业并未将高耗能、高污染产业转移至东道国，不存在"污染天堂"假说，因而不能缓解本国的环境污染。李敏（2016）发现中国 OFDI 对母国碳排放有正向的影响，说明中国 OFDI 并非以转移国内高能耗、高污染产业为主要目的，因此，"污染天堂"假说并不成立。值得注意的是，OFDI 的技术效应较小，因为对外投资企业的技术学习和技术的反向溢出需要一定的时间，造成 OFDI 技术外溢有一定的时滞。与丁安琪（2019）的发现一样，中国 OFDI 企业能学习到国外先进的技术，提高劳动生产率，但环保技术的学习还有所欠缺。

孙金彦（2017）从联立方程、投资动机及空间溢出三个视角研究了中国 OFDI 的母国碳排放效应。联立方程研究结果表明中国 OFDI 增加了国内的碳排放，证明"污染天堂"假说在中国不存在。不同投资动机视角下中国 OFDI 的母国碳排放绩效研究结果表明，OFDI 逆向技术溢出对碳排放绩效有正向的影响。空间溢出效应检验结果表明中国 OFDI 对区域内的碳生产率有负向的影响，这说明中国 OFDI 的增加并没有将国内的高耗能产业转移至东道国。池晓彤（2019）也证实了"污染天堂"假说在中国不成立。中国 OFDI 对本国碳排放有显著促进作用，二氧化碳排放量增加的速度要小于对外直接投资的增长速度，中国 OFDI 并非以向海外转移高耗能、高碳排产业为目的。地区层面的研究也证实了 OFDI 对碳排放有正向的影响，说明结论较为稳健。因此，应鼓励技术寻求型对外直接投资，以增强逆向技术溢出效应，改善母国环境。张静（2019）实证研究了中国制造业 OFDI 的碳减排效应及其传导路径，发现中国制造业 OFDI 通过规模效应、结构效应和逆向技术溢出效应三种传导路径影响碳排放。其中，规模和结构效应为正，逆向技术溢出效应为负，综合效应为正。因此，OFDI 不利于中国环境质量提升，将碳减排目标纳入对外发展战略特别是制造业 OFDI 发展战略中尤为重要，这有助于实现经济与环境的和谐发展。

朱于珂等（2022）发现双向 FDI 协调发展对碳排放有正向的影响，其中技术创新起了中介作用。双向 FDI 协调发展会通过影响技术创新有效降低碳排放强度，但这种降低作用，也会通过产品创新与工艺创新降低碳排放强度。路正南和罗雨森（2021）发现双向 FDI 对碳排放强度都有正向的影响，双向 FDI 对二氧化碳排放强度具有显著的空间溢出效应，但溢出效应为负。因此，应提升双向 FDI 的质量以降低环境污染。

三、OFDI 对母国环境的影响不确定

有的学者发现 OFDI 对母国环境的影响是不确定的。在地区层面上，周力和庞辰晨（2013）发现中国对外直接投资所引致的环境效应是不确定的。他们发现在华北和华东地区，由于对外投资所引致的污染扩大的规模效应小于对外投资所引致的污染减少的结构效应和逆向技术溢出效应，因此，这两个地区的 OFDI 有利于当地环境质量的改善。然而在华南、华中、东北与西北地区，OFDI 引致的规模效应、结构效应和逆向技术溢出效应的总效应造成了当地的环境质量水平下降。因此，OFDI 对中国环境的影响是不确定的。因此，因地制宜地制定区域性开放经济政策，对中国对外直接投资向环境友好型投资发展具有重要的意义。

刘海云和李敏（2016）发现 OFDI 对中国碳排放有正向的影响，这说明中国的经济增长伴随着高污染，原因是我国当前的经济发展阶段决定了产业结构和能源结构必须大量消耗能源，采取低技术含量的粗放型的经济

增长模式。东、中、西部经济发展的不平衡也反映在 OFDI 对碳排放的影响上，东部地区 OFDI 对碳排放有负向的影响，而中西部地区 OFDI 对碳排放有正向的影响，可能的原因是东部地区高污染、高排放产业向中西部地区转移。

在门槛变量的不确定性方面，杨果和郑强（2021）以金融发展水平作为门槛变量，研究中国 OFDI 影响母国环境的金融门槛效应。结果发现 OFDI 对母国环境污染的影响存在基于金融发展的双门槛效应。当母国金融发展水平较高时，金融市场体系较为发达，能够为 OFDI 提供充足的资金支持以进行研发创新，从而提高技术水平，降低污染排放。当母国金融发展水平较低时，母国金融市场难以为企业 OFDI 提供有效的资金保障，束缚 OFDI 企业开展技术创新，难以对母国产生技术溢出效应，不利于母国环境质量的提升。田文举和朱中军（2018）发现 OFDI 对国内碳排放存在城镇化门槛效应，且东、中、西部各地区的门槛效应存在较大差异，东部地区门槛值最高，其次是中部地区，最小的是西部地区。造成地区间门槛值出现差异的原因有三个：一是不同发展水平地区的 OFDI 增加所引起的经济规模效应差异；二是母国的 OFDI 技术溢出效应受母国经济水平、人口规模等多方面因素影响；三是 OFDI 的产业结构效应存在明显的地区差异。无论是在全国范围还是在东、中、西部地区，当低于第一个门槛值时，OFDI 的增加会增加碳排放；当在第一个和第二个门槛值之间时，OFDI 的增加会减少碳排放。因此，OFDI 对国内碳排放的影响是不确定的。

余官胜（2017）从企业对外直接投资动机出发，研究不同条件下企业对外直接投资对母国环境污染的影响方式。研究结果发现 OFDI 对母国环境污染存在门槛效应，当经济发展速度超过一定的门槛值时，OFDI 对母国环境污染没有影响；当低于一定的门槛值时，OFDI 对母国环境污染有正向的影响。当制造业占比低于一定的门槛值时，OFDI 对母国环境污染没有影响；当高于一定的门槛值时，OFDI 对母国环境污染有正向的影响。这说明低经济发展程度和高制造业占比国家的企业对外直接投资更偏向低端产业，增加了环境污染；而高经济发展程度和低制造业占比国家的企业对外直接投资更加看重技术和产业升级，对环境污染没有影响。

在时间不确定方面，韩永辉等（2019）发现 OFDI 对母国环境的影响是不确定的。短期内，OFDI 对环境改善有抑制作用；长期内，OFDI 对环境改善有促进作用。究其原因，短期内有利于改善环境的 OFDI 的结构效应和逆向技术溢出效应的作用不明显，而不利于改善环境的 OFDI 的规模效应则相对较强，规模效应超过了结构效应和逆向技术溢出效应，造成了母国环境污染水平提高。长期内，中国 OFDI 的投资动机更加注重技术寻求，技术寻求型 OFDI 的增加会加大对国内的逆向技术溢出效应，有利于国内的污染减排和生态环境提升。

学者们研究了不确定的原因。都斌和余官胜（2016）发现对外直接投资与中国环境污染之间存在倒 U 形关系，OFDI 对环境污染有正向的影响，OFDI 的平方对环境污染有负向的影响。在分析原因时，发现 OFDI 通过规模效应、结构效应和技术效应影响国内环境污染。当投资规模较小时，规模效应会大于结构效应和技术效应之和，经济规模的扩大导致环境污染增多，又不能从结构优化和技术溢出中得到改善。当投资规模变大时，结构效应和技术效应会超过规模效应，降低单位产品的污染量，促进国内环境的改善。李轩（2015）在研究中国对东南亚国家联盟（简称"东盟"）投资对母国生态环境的影响时，发现 OFDI 通过规模、结构和技术方面对母国的生态环境产生影响。实证分析显示，OFDI 对工业规模有正向的影响，意味着母国粗放型的工业规模的扩大，加重了生态环境污染；OFDI 对母国重工业比重有不利的影响，有利于减轻母国生态环境的压力；OFDI 对母国技术革新有正向的影响，有利于母国生态环境的改善。因此，中国对东盟直接投资对母国生态环境的影响取决于规模、技术、结构等三个方面作用效果之和的大小。

肖德和陈婉（2018）将中国 OFDI 对母国生态环境的影响分解为规模效应、结构效应和技术效应。规模效应和结构效应越大，OFDI 对母国环境污染的影响越大；技术效应越小，OFDI 对母国环境污染的影响越大。研究结果发现，规模效应和结构效应系数都为正，说明产出规模的扩大和第二产业比重的增加都不利于国内生态环境的改善。技术效应系数为负，说明技术水平提高增强了节能减排技术，从而改善了母国生态环境。研究还发现"一带"地区综合效应为负，OFDI 有利于地区生态环境；"一路"地区综合效应为正，OFDI 恶化了地区生态环境。岳武和杜莉（2017）与肖德和陈婉（2018）的研究结果一致，他们发现"一带"地区 OFDI 对碳排放有负向的影响，它主要通过改善"一带"地区产业结构来降低碳排放水平，逆向技术溢出效应较低，不能通过提升技术来降低本地区单位工业产值二氧化碳排放量。"一路"地区 OFDI 对碳排放有正向的影响，这是因为 OFDI 导致该地区总产值下降、单位工业产值二氧化碳排放量增加，对该地区的产业结构没有显著的影响，逆向技术溢出效应也并未体现出来。

有的学者研究了双向 FDI 影响母国环境的不确定性，刘海云和龚梦琪（2018）发现外商直接投资会增加母国污染排放，而对外直接投资则会减少母国污染排放。两者的交互项对污染排放为负，说明 IFDI 和 OFDI 在对污染排放的影响上存在一定的替代效应，当两者同时存在时，双向 FDI 可以显著减少污染排放。

第三节　双向 FDI 与技术创新

IFDI 与技术创新的研究较为成熟，目前学者们发现 IFDI 对技术创新有正向的影响、负向的影响和影响不确定三种情况。OFDI 与技术创新的研究起步较晚，但发展迅速。目前，学者们发现 OFDI 对技术创新也存在正向的影响、负向的影响和影响不确定三种情况。

一、IFDI 与技术创新

IFDI 存在正向的技术溢出效应，IFDI 的技术溢出指的是 IFDI 对东道国的经济效率和经济增长或发展能力产生无意识影响的间接作用，它可以发生在同一产业内或者不同的产业间（何洁，2000）。Branstetter（2006）基于日本和美国企业层面的数据，研究 IFDI 的技术溢出效应，发现 IFDI 对东道国企业有正向的技术溢出效应，且知识的溢出效应最为显著。因此，东道国企业可以通过技术溢出提高自身的技术创新水平，提高劳动生产率。赵凯和张方（2022）把 IFDI 分为水平型 IFDI 和垂直型 IFDI，发现水平型 IFDI 和垂直型 IFDI 都有绿色技术溢出效应，但影响系数较小，且水平型 IFDI 的绿色技术溢出效应更大一些。加入环境规制变量后，当环境规制强度超过第一门槛值后，两类 IFDI 都具有绿色技术溢出效应；当环境规制强度提高到第一门槛值和第二门槛值之间时，水平型 IFDI 仍具有绿色技术溢出效应，垂直型 IFDI 绿色技术溢出效应不明显；当环境规制强度超过第三门槛值后，两类 IFDI 都具有显著的绿色技术溢出效应。

在有关吸收能力的研究中，李斌等（2016）发现 IFDI 对高技术产业存在技术溢出。他们采用人力资本、研发投入、经济发展三个指标衡量吸收能力，发现它们均存在门槛效应。当小于门槛值时，IFDI 的技术溢出不显著；当大于门槛值时，IFDI 的技术溢出会由不显著转为正。赵莉和胡逸群（2018）发现 IFDI 对我国制造业存在显著的正向技术溢出效应。他们采用技术获取费用支出、技术消化吸收费用支出和新产品销售收入来表示吸收能力的大小，发现 IFDI 一方面通过技术溢出促进企业创新能力提升，另一方面通过影响吸收能力来提升企业技术创新水平。陈波和张程程（2022）发现 IFDI 具有更加先进的技术与管理体系，它会通过技术扩散、技术转移向东道国溢出技术，提升东道国企业的创新能力。值得注意的是，IFDI 的技术溢出之所以能成功提升东道国的技术创新，在于东道国自身的吸收能力。这些吸收能力体现在经济发展水平、外贸依存度、技术设施建设以及人力资本水平等指标上，是东道国能否开展技术创新的关键。梁锶等（2022）认为官方发展援助与直接投资是国际合作的重要实现途径，这里的官方发展援助就是受援国的吸收能力，它会通过"文化认同效应""示范效应""'干中学'效应""培训效应""投资效应"提高受援国对援助国直接投资的技术吸收，增强直接投资的技术溢出。

有的学者认为，IFDI 具有负向的技术溢出效应。Suyanto 等（2009）以印尼企业层面的数据为研究对象，发现 IFDI 对东道国的劳动生产率没有显著的正向影响，它对行业的技术溢出产生了负向的影响。杨亚平（2007）发现 IFDI 对国内厂商的生产率增长起着负向的作用，这是因为 IFDI 对国内市场存在"挤压效应"，它会通过竞争效应挤占国内厂商的市场份额，造成国内厂商市场规模缩小，生产成本上升和生产率下降。因此 IFDI 对国内厂商有行业内溢出效应，该种溢出效应对技术创新有负向影响。

还有一些学者认为，IFDI 的溢出效应是不确定的。隆娟洁和陈治亚（2009）在研究外资对中国内资企业的技术溢出时，发现港澳台资本和其他外商资本都对内资企业产生了正向的行业间溢出效应，但在行业内溢出效应上，港澳台资本没有显著影响，其他外商资本则产生了明显的负向效应。港澳台资本和其他外商资本都对劳动密集型行业有正向的行业间溢出效应，但对技术密集型行业都不存在行业间溢出效应。毛其淋和许家云（2016）发现虽然跨国公司总体上提升了本土企业的成本加成定价能力，但在不同渠道上的表现却有所不同。通过水平溢出渠道降低了企业成本加成率，而通过垂直溢出（包括前向关联和后向关联）提高了企业成本加成率。因此，跨国公司对东道国的技术溢出是不确定的。

关于 IFDI 对企业自主创新能力影响的研究，现有文献主要从区域和行业两个角度进行研究分析。基于区域视角进行的研究，大多数学者认为 IFDI 对企业自主创新能力具有正向的促进作用。FDI 流入会给发展中国家的生产效率和创新发展带来促进作用，东道国获取先进的生产技术，包括产品和工艺技术与先进的管理和营销经验，从而提升国内企业的自主创新能力。Kokko（1992）提出，外商投资会通过学习模仿、竞争倒逼、人力资源培训及市场关联等四种渠道促进东道国自主创新能力的提升。林进智和郑伟民（2013）发现衡量 IFDI 的三个变量与衡量内资企业技术创新的三个指标的相关系数都为正。因此，IFDI 显著促进了内资企业的技术创新。研究还发现 IFDI 促进了内资企业劳动生产率的提高，而这有一部分是通过促进内资企业自主创新能力提升实现的。

为什么 IFDI 会提高企业自主创新水平？唐宜红等（2019）发现 IFDI 促进了中国企业发明专利和实用新型专利的增加，原因就是溢出效应的存在。溢出效应包括行业间溢出效应和行业内溢出效应，它们通过示范模仿效应、人员流动效应和竞争效应对其他企业产生技术溢出。研究中发现行业间后向关联对技术创新起了促进作用，而行业内和行业间前向关联的创新溢出效应不显著。陈丽珍和刘金焕（2016）发现 IFDI 能提升中国制造业内资企业的自主创新能力，但提升作用是有限的，原因就在于中国的市场机制不完善导致 FDI 的流入给内资企业造成了较大的竞争压力，内资企业为了生存而竞争，无暇进行创新。尽管 FDI 企业带来了先进的技术，但内资企业迫于竞争压力仍然会依赖国外技术而不开展技术创新。

也有少量学者认为 IFDI 不利于提高东道国自主创新能力。Stiebale（2013）发现不同的外资进入方式对东道国自主创新能力的影响有较大差异，采用并购方式进入东道国市场会增加当地企业的研发成本，不利于自主创新能力的提高。东道国自主创新能力的提高同东道国自身的吸收能力密切相关，如果跨国公司的进入造成了东道国研发人力资源的流失，就会增加东道国的研发成本，不利于开展技术创新（Aghion et al.，2001）。

学者们对技术创新负向影响创新能力的原因做了探讨，石大千和杨咏文（2018）发现技术创新不利于企业自主创新能力的提升，原因是 IFDI 对企业创新的影响存在挤出效应和溢出效应。挤出效应是抑制效应，溢出效应是促进效应。IFDI 能否提升企业自主创新能力取决于这两种效应的差，即净效应的大小。当净效应为正时，技术创新不利于企业自主创新能力提升。张骞等（2019）发现 IFDI 并没有对中国技术创新有显著的提升作用，原因在于外资企业主要集中投资在劳动密集型行业，而技术密集型行业的投资较少。中国企业在发展过程中，自主创新能力增强，也减少了对外资企业的技术依赖。原毅军和孙大明（2017）发现 IFDI 与制造业技术升级呈负相关关系，但并未通过显著性检验，在加入吸收能力后，IFDI 对制造业技术升级有显著的正向影响。因此，企业自身的学习和知识吸收能力，对提高自身的技术水平和管理效率，进而实现产业技术升级有重要的作用。

有的学者发现 IFDI 对技术创新的影响是不确定的。刘斌等（2021）发现外资进入对东道国的技术创新的影响是不确定的。他们发现在企业层面上，外资进入对企业自主创新有负向的影响，而在行业层面上，外资进入对企业自主创新有正向的影响。外商独资企业的创新活动拉低了外商投资企业整体的创新水平，而合资形式的外商企业则对技术创新有正向的影响。屈海涛（2018）把 IFDI 的技术溢出分为几个维度，发现示范效应和关联效应能显著提高企业技术创新水平，而竞争效应和流动效应对企业技术创新影响不显著。徐亚静和王华（2011）发现 IFDI 对技术创新的影响存在区域异质性，对中部地区技术创新有正向的影响，对西部地区技术创新则有负向的影响，对东部地区技术创新影响不显著。

孙早和韩颖（2018）发现 IFDI 不一定会促使本土企业自主创新能力的提高，原因就在于人力资本。人力资本的不同导致了不同地区对先进技术的主观吸收愿望与吸收能力产生差异，影响了 IFDI 对地区自主创新能力的效果。邱立成等（2017）发现外资进入对企业技术创新的影响是不确定的。对与前沿技术水平差距不大的企业来说，外资进入为这些企业的研发创新活动带来了正向的影响；而对与前沿技术水平差距较远的企业来说，外资进入却为这些企业的研发创新活动带来了负向的影响。

二、OFDI 与技术创新

国家鼓励企业"走出去"，参与全球创新合作。OFDI 作为企业融入全球经济的重要方式，为母国技术创新能力的提高提供了一条重要途径，它不但能通过境外合作，利用当地科技人才、先进资源为母国带来技术溢出，还能通过改善要素配置、扩大规模收益为母国技术研发解决资金约束问题。在 OFDI 影响母国技术创新的文献中，大多是从 OFDI 的技术溢出效应上开展研究的。OFDI 的技术溢出效果有较大的差异，本书从 OFDI 技术溢出正向影响母国技术创新、负向影响母国技术创新和对母国技术创新的影响不确定三个方面进行概括。

在 OFDI 技术溢出正向影响母国技术创新方面。Alazzawi（2012）以东道国是发达国家为研究对象，使用企业层面的投资数据进行研究。研究发现 OFDI 逆向技术溢出对东道国有正向的影响，当东道国为美国、德国和日本时，OFDI 的逆向技术溢出效应尤为显著。Panagiotis 等（2018）发现中国对外投资企业的投资目的地的经济越发达、一流大学和研发中心的密度越大、客户需求越高端，企业越能从东道国获取知识和技术反馈，从而提升创新绩效。

李娟等（2017）发现 OFDI 逆向技术溢出效应在中国是存在的。OFDI 逆向技术溢出提升了中国的自主创新能力，但程度不及自主研发和 FDI 所带来的技术溢出效应。与李娟等（2017）的结论不同，刘东丽和刘宏（2017）发现 OFDI 对技术创新有正向的影响，与其他几种获取技术的路径相比，OFDI 的影响排名第二，国内研发的影响最大，引进外资（IFDI）对创新的提升作用最小。柴庆春和张楠楠（2016）发现中国 OFDI 产生了较为显著的逆向技术溢出效应。OFDI 逆向技术溢出能带动国内研发，从而提高了全要素生产率。值得注意的是，OFDI 逆向技术溢出存在较大的行业差异，制造业和科学研究与技术服务业等行业的逆向技术溢出与生产率关联度强，而建筑业和采矿业的关联度弱。

杜龙政和林润辉（2018）发现 OFDI 逆向技术溢出有显著的创新能力，但在不同创新阶段有不同的特征。创新前阶段 OFDI 不存在逆向技术溢出效应，影响系数不显著；进入创新启动阶段，逆向技术溢出开始发挥正面作用；当进入创新加速阶段，其正面作用更大，是创新启动阶段的 1.43 倍。许晓芹等（2019）发现对外直接投资逆向技术溢出对创新能力的影响是正向的，且存在门槛效应。其中，人力资本显著提升技术进步，它和研发投入对全要素生产率有积极促进作用，有利于中国自主创新。研发持续投入与技术创新是正向的关系，研发资本存量越多，技术积累越多，越有利于创新。周经和黄凯（2020）发现 OFDI 逆向技术溢出有利于区域创新能力提升，且在不同的发展阶段有不同的特点。在技术开发阶段，OFDI 技术溢出影响区域创新能力的效果没有技术转换阶段明显。空间溢出效应不利于技术开发阶段 OFDI 逆向技术溢出对本地区域创新能力的提升，对技术转化阶段的创新能力提升的影响不明显。

为什么 OFDI 技术溢出会正向影响母国技术创新呢？周鲆和胡国晖（2020）发现 OFDI 逆向技术溢出有利于制造业的技术升级，原因在于，在中国经济增长"新常态"背景下，中国企业努力进行产业结构转型升级。在"一带一路"倡议下，对外直接投资增长迅猛，加上企业自身强烈的技术创新意愿，这些都促进了 OFDI 逆向技术溢出效应的提升，并最终提升了国内制造业的技术水平。李平和苏文喆（2014）认为 OFDI 对技术创新有提升作用，且面向发达东道国的 OFDI 的逆向技术溢出效应作用更大。原因在于 OFDI 是通过研发激励效应与挤出效应影响技术创新的，东道国越发达，对母国的研发激励效应越大于挤出效应，越有利于母国技术创新。董有德和孟醒（2014）发现境外企业投资对国内有正向的技术溢出，在分析溢出的原因时，他们根据各境外企业（机构）的经营范围将其划分为研发机构、制造机构、营运机构、贸易机构、非经营机构和原料获取机构后发现，研发机构、制造机构和营运机构是 OFDI 逆向技术溢出的主要渠道，而非经营性机构和原料获取机构的溢出效应并不显著。

在 OFDI 技术溢出负向影响母国技术创新方面。Bitzer 和 Kerekes（2008）以制造业产业数据为研究对象，结果发现 OFDI 对母国的技术创新几乎没有影响，母国并未通过 OFDI 逆向技术溢出获得更多的技术。Iwasa 等（2004）基于技术知识在东道国研发中的作用这一标准，将日本制造业企业划分为研究型企业和非研究型企业。研究发现当研究型企业开展对外投资时，其技术研发成果会通过逆向溢出到国内，通过专利活动衡量的创新能力会提升。当非研究型企业开展对外投资时，逆向技术溢出效应并不显著。

何建华等（2016）发现 OFDI 逆向技术溢出对中国技术创新能力有负向的影响，无论是长期还是短期相关性检验都显示 OFDI 逆向技术溢出与技术创新能力均是负向的关系。王英和刘思峰（2008）检验了外国直接投资、对外直接投资、出口贸易和进口贸易四种渠道溢出的外国研发资本存量，并分析了四种渠道对中国全要素生产率的影响，发现对外直接投资跟进口贸易一样，都没有提升中国全要素生产率，对中国技术进步没有起到促进作用。尹东东和张建清（2016）发现 OFDI 对全要素生产率有负向的影响，从全国范围来看，显著的 OFDI 逆向技术溢出效应并未发生。分样本研究发现，OFDI 对东部地区和西部地区全要素生产率有负向的影响，对中部地区有正向的影响。OFDI 逆向技术溢出效应只出现在了中部地区，东部地区和西部地区都没有。

为什么 OFDI 技术溢出会负向影响母国技术创新呢？沙文兵和李莹（2018）发现 OFDI 逆向技术溢出对区域创新产出有负向的影响，其原因为：一是 OFDI 逆向技术溢出存在门槛效应，国内企业只有在其吸收能力跨过一定门槛之后才能有效地吸收和学习对外直接投资溢出的先进技术；二是中国 OFDI 企业绝大部分是加工制造企业，处于全球分工体系的低端，使得技术锁定在低端，难以对国内有正向的技术溢出，有些地区表现得更为明显。姚惠泽和张梅（2018）发现企业 OFDI 并未提高技术创新能力，原因可能是存在要素市场扭曲。加入要素市场扭曲变量后，发现它会影响企业对外投资行为。当要素市场扭曲程度加深后，企业 OFDI 对技术创新会产生抑制作用，但技术创新水平的下降幅度在变小。当要素的总体价格扭曲程度位于低水平时，企业 OFDI 会有利于技术创新，这说明资源得到了合理配置。张海波和俞佳根（2012）发现中国香港 OFDI 的逆向技术溢出效应为负，这说明中国香港的 OFDI 引起了一定程度的"产业空心化"。中国内地 OFDI 并没有明显的逆向技术溢出效应，原因是逆向技术溢出是一个缓慢的过程，存在"滞后性"和"门槛"效应，中国内地对外投资起步较晚，技术学习和吸收是一个长期的过程，因此逆向技术溢出效果不明显。

在 OFDI 技术溢出影响母国技术创新不确定方面。贾妮莎等（2020）发现中国企业 OFDI 显著促进了母国企业增加研发投入，但没有增加母国研发产出。投资在发达国家和发展中国家有不同的结果：发达国家的母国企业研发投入增加，而研发产出没有影响；发展中国家的母国企业研发投入没有太大影响，但研发产出却在增加。此外，技术寻求型投资增加了母国企业的研发投入和产出，而资源寻求型投资降低了母国企业的研发投入和产出。梁文化（2019）发现 OFDI 逆向技术溢出对自主创新有影响，这种影响考虑了经济发展水平、研发投入强度、人力资本存量、金融发展水平、经济开放程度以及技术差距等门槛指标，存在较大的不确定性。姚战琪（2017）发现中国对"一带一路"沿线国家 OFDI 获得的国际研发资本存量对中国全要素生产率虽然具有显著的负面影响，但可通过国内研发资本存量消化吸收 OFDI 渠道的逆向技术溢出而实现，从而积极促进中国技术进步。李梅和金照林（2011）发现 OFDI 对国内技术进步、技术效率和全要素生产率都没有显著的影响，说明中国国际投资还未能成为传递国际 R&D 溢出的有效渠道。分样本回归中发现，对外投资对东、中、西部三个区域的全要素生产率的影响存在较大的异质性，对东部和中部地区的全要素生产率有正向的影响，而对西部地区的全要素生产率则无显著影响。

为什么 OFDI 技术溢出影响母国技术创新不确定呢？程栖云（2022）发现 OFDI 对绿色创新的影响系数不显著且 OFDI 与绿色创新的关系表现出明显的地区差异性。原因可能是对外投资逆向技术溢出本身是一个缓慢的过程，各地区对外投资水平差别不大，对外投资目的地比国内各区域的异质性更大，对技术逆向溢出的影响更大，因而较为缓慢。

第三章　双向FDI影响环境的理论基础

本章研究了双向FDI影响环境的理论基础，相关理论包括与投资相关的理论和与环境相关的理论。本章进一步分析了IFDI影响环境的机制和OFDI影响环境的机制。

第一节　投资相关理论

以往研究文献对与投资相关的理论开展了大量研究，本节研究主要包括环境要素禀赋理论、产业转移理论、国际生产折衷理论、小规模技术理论、技术创新产业升级理论和技术地方化理论。

一、环境要素禀赋理论

基于比较优势理论，瑞典经济学家赫克歇尔和俄林提出了要素禀赋论，它是现代国际贸易理论的新开端，被誉为国际贸易理论的又一大"柱石"。

要素禀赋论注重国家先天的传统资源禀赋，随着实践和理论的不断更新，基于传统的资源禀赋理论的国际贸易越来越不能满足企业的发展，企业基于传统的资源禀赋，开始寻求对外投资。其原因有以下三点。

一是因为基于传统资源禀赋理论所开展的国际贸易拉大了发达国家和发展中国家之间的贫富差距，甚至造成了"剪刀差"，发达国家在压低发展中国家生产的初级产品的世界市场价格的同时，又提高发达国家生产的工业制成品的世界市场价格。为了保护国内市场，许多发展中国家开始征收高额的关税，采取较多的非关税壁垒措施，为国际贸易设置了较高的壁垒。二是因为国家间的商品相对价格差异是国际贸易产生的主要原因。在没有运输费用的假设前提下，从价格低廉的国家输出商品到价格较高的国家是有利的。随着国际贸易的发展，海洋运输成本越来越高，企业为了削减费用，会选择去别国投资。三是因为发展中国家依靠资源禀赋优势进行生产，会大量生产资源密集型和劳动密集型产品，不但把生产锁定在低技术含量、高能耗、高污染的产业上，还导致了环境破坏和资源短缺等问题。为了改善贸易条件，保护生态环境，发展中国家对进出口贸易会制定一系列限制措施。

Dunning（1998）将对外直接投资分为四种类型：市场寻求型、资源寻求型、效率寻求型与技术寻求型。其中，资源寻求型对外投资就是在资源禀赋理论的基础上，把获取东道国的自然资源作为投资的主要目的。值得注意的是，发展中国家在吸引发达国家投资时，也越来越注重资源的可持续发展和生态保护，由此环境要素禀赋理论逐渐形成。环境要素禀赋理论把生态环境和土地、劳动、资本、技术一样，都看成经济和贸易发展的内生因素，使经济、贸易发展与生态环境改善相协调统一，从而实现经济的可持续发展。

环境要素禀赋理论的提出基于以下两个前提：一是环境要素可以用价格衡量，由于市场的外部性所导致的环境污染可以用征收排污费、税收补贴等措施从经济上进行补偿。企业在进行对外投资时，生产成本除了包含购买生产原材料、劳务的费用外，还应该包含排污费、环境治理费用等。

企业的碳足迹所产生的一系列成本都是环境成本，都应作为总成本的一部分计入产品和服务的总成本之中，消除环境的外部性影响，更为真实地反映产品价格。二是各地区环境要素禀赋存在较大的异质性，由于经济发展水平、自然条件、技术水平的差异导致各地区对污染的吸纳能力、污染的治理能力存在较大不同，造成了环境要素的不同，也造成了地区吸引外资和对外投资的不同。因此，外商投资企业在向发展中国家投资时，除了看重传统的资源优势外，生态环境也是不得不考虑的因素。发展中国家过去为了追求经济增长牺牲生态环境，对外资企业进入的低门槛、宽松政策将不复存在。外商投资企业在投资区位选择时，要重新考量各地区的生态环境比较优势，寻找环境要素丰裕的国家或地区进行投资。

二、产业转移理论

产业转移指的是企业将产品生产的部分或全部由原生产地转移到其他地区，这是国际或地区间产业分工形成的重要因素。产业转移可以发生在一个国家内部，也可以跨越国界，客观上表现为产业在空间上的移动，目的是实现资源的最优配置，促进分工结构的优化。研究产业转移的理论主要有"雁行形态理论"、产品生命周期理论和边际产业扩张理论。

1. "雁行形态理论"

"雁行形态理论"是由日本经济学家赤松要于 1935 年提出的。在初始阶段，后发国家与先发国家基于比较优势进行国际贸易，后发国家出口初级产品，进口工业制成品，两个国家之间是典型的垂直型分工形式。在第二阶段，后发国家通过对先发国家技术的模仿、改进，所生产的工业制成品与先发国家一样，后发国家就从进口先发国家的工业制成品改成了用本国工业制成品替代。在第三阶段，后发国家在工业制成品方面的生产能力增强，与先发国家相比更具有比较优势，后发国家开始出口工业制成品。这三个阶段可以概括为"进口—进口替代—出口"，这就像三只大雁列队在空中飞翔，故命名为"雁行形态理论"。

从"雁行形态理论"可以看出，后发国家的发展模式是建立在动态比较优势原理基础上的，强调后发国家对先发国家的经济追赶型发展，初级阶段和第二阶段就相当于产品生命周期的引入期和成长期，注重谋求自身产业的升级和高度化。"雁行形态理论"主张先发国家和后发国家之间实施产业转移，先发国家将本国已处于比较劣势的边际产业向后发国家转移。这里先发国家和后发国家是垂直型的分工形式，产业转移应是梯次转移。

2. 产品生命周期理论

产品生命周期理论是由美国哈佛大学教授雷蒙德·弗农于 1966 年提出的。他认为产品是有寿命的，产品生命周期指的是一种新产品从开始进入市场，到被市场淘汰的整个过程，有引入期、成长期、成熟期和衰退期四个阶段。

引入期指产品从设计投产到投入市场进入测试阶段，新产品投入市场，便进入了引入期。此时产品种类较少，顾客对产品还不太了解，产品的生产批量比较小，销量有限，企业通常不能获利，反而可能亏损。成长期是指产品通过试销，效果良好，购买者逐渐接受了该产品，产品在市场上站住脚并且打开了销路。这是需求增长阶段，需求量和销售额迅速上升，生产成本大幅度下降，利润迅速增长。因此，在引入期和成长期，主要通过贸易发生产品转移，而不会有产业的投资转移。

当产品进入成熟期，购买产品的人数增多，市场需求趋于饱和。此时产品普及并日趋标准化，成本低而产量大，销售增长速度缓慢，直至转而下降。企业开始把目光投向海外，将产品生产的部分或全部转移到消费结构、经济结构相似的国家，进而向其他国家渗透。由于科技的发展以及消费习惯的改变等原因，产品的销售量和利润持续下降，产品在市场上已经老化，不能适应市场需求，市场上已经有其他性能更好、价格更低的新产品来满足消费者的需求。为了获得利益，企业会把产业转移到其他国家，把本国淘汰了的技术设备或本国禁止的污染产业转移到他国，既不用担心东道国获取核心技术，又可以延长产品的衰退期。在此过程中，还可以得到东道国廉价的劳动力和自然资源，减少对本国环境的污染。

3.边际产业扩张理论

边际产业扩张理论是日本经济学家小岛清于 1976 年提出的。边际产业指的是一国经济中已经处于或即将处于比较劣势的产业。边际产业扩张理论主张比较劣势产业的优先对外投资，将国际贸易理论和国际直接投资理论有机结合起来；主张中小企业走在对外投资的前列，使跨国公司经营活动与东道国经济发展目标协调起来。

按照比较成本从高到低的顺序进行对外直接投资，使投资国优先把边际产业转移出去，具有优势的产业留在国内享用国内资源，获得动态比较优势。投资国的比较劣势产业转移出去，在被投资国却是比较优势产业，能提升东道国经济发展水平，促进了对外投资企业与东道国的协调发展。

在对外投资主体上，主张中小企业先行。中小企业同大企业相比，更容易成为边际产业，其大多数拥有标准化的实用技术，与东道国的技术差距较小，更容易被劳动要素充裕的发展中国家消化吸收。

对外直接投资应选择在国际分工中处于更低阶梯的国家或地区。随着环保意识的增强，发达国家环保政策和环保标准越来越严格，环境成本内在化程度不断加深，一些污染密集型产业的环境成本逐渐提高，逐渐变为边际产业。在边际产业转移上，要向技术差距小、容易转移的低阶梯的国家或地区转移，如此才能获得更多的边际利益。

三、国际生产折衷理论

关于国际直接投资的动机，英国经济学家邓宁于 1977 年提出了国际生产折衷理论，认为影响企业对外投资有三大优势：所有权优势、内部化优势和区位优势。

所有权优势也称垄断优势，是母国企业相对于东道国企业的特有优势，这种优势来自其他企业没有或无法得到的有形资产和无形资产，可以是技术、资金、管理等方面的资产。这种优势使企业在对外直接投资中能够获得较大的市场或形成规模经济，它决定了企业从事国际直接投资的能力，是企业能够进行国际生产的基础。

内部化优势是企业为了避免外部市场不完善的负面影响而将企业优势保持在企业内部。外部市场不完善是普遍存在的现象，它可以分为结构性外部市场不完善和知识性外部市场不完善，前者指的是一些竞争性壁垒造成的市场信息不全，后者指的是生产和销售信息难以获得所增加的企业成本。为了规避外部市场不完善，企业会采取内部化交易，它比非股权交易更节省交易成本，尤其是对于那些价值难以确定的技术和知识产品。内部化交易可以使交易活动纳入企业的统一管理中，使企业的生产、销售和资源配置都处于可控制的范围内，提高管理效率，获得最大利益。跨国公司的内部化优势可以减少因购买者信息不对称所带来的交易成本或信息成本，可以分散风险，最终获取公司总体利益最大化。

区位优势指某一国家或地区在地理位置、资源禀赋、制度政策、投资环境的特有优势，它并不是静态的，会随着时间和空间的变化而改变。对外投资企业在进行投资前，都会考察要投资地区的区位优势，贸易障碍、政府政策、市场特征、劳动成本、当地的生产水平以及原材料的可供性等都是要考虑的因素。

按照邓宁的观点，企业选择哪种方式开展对外经济活动取决于这三种优势。当企业只有所有权优势时，要采用非股权安排的方式；当企业既有所有权优势，又有内部化优势时，则采取出口贸易的方式；当这三种优势企业都具备时，应采取对外直接投资的方式。

随着国际投资实践的发展，国际生产折衷理论的研究也有了突破。邓宁于 1981 年提出了投资发展周期理论（IDP 理论），是折衷理论的动态发展。他将一国经济发展阶段按照人均 GNP（gross national product，即国民生产总值）水平划分为四个阶段：人均 GNP 低于 400 美元阶段，人均 GNP 在 400 美元至 1500 美元阶段，人均 GNP 在 2000 美元至 4750 美元阶段和人均 GNP 在 2600 美元至 5600 美元阶段。投资发展周期理论分析所有权优势、内部化优势和区位优势在不同阶段的表现，为企业选择哪种方式开展对外经济活动提供了理论基础。投资发展周期理论将一国开展外商投资与经济发展水平结合起来，描述了经济发展水平对外商直接投资流入、流出和净流出的影响，可以用于解释发达国家和发展中国家的对外投资实践。

四、小规模技术理论

小规模技术理论是美国经济学家威尔斯于 1983 年提出的，该理论认为发展中国家的跨国公司在开展对外直接投资时可以利用其生产成本低的特点在小规模生产上具有比较优势。凭借小规模生产技术的比较优势，发展中国家的跨国公司可以在市场中发挥规模经济效益，这是发达国家的跨国公司无法比拟的。

小规模技术比较优势表现在以下三个方面：一是发展中国家的制成品市场普遍规模较小，由于自身文化和民族特点呈现多样化的特征，产品需求量多、种类广泛。发达国家多年的机械化生产实现了规模经济，生产成本下降，劳动生产率上升，但这种标准化的生产技术造成了产品量多而单一，不能满足发展中国家的多样化需求。发展中国家的小规模技术具有劳动密集特点，生产灵活性大，适合小批量生产。小规模技术成了发展中国家跨国公司对外直接投资的"特定优势"。

二是充分利用东道国的特色产品优势，在东道国当地进行采购。发展中国家的跨国公司在生产过程中为了减少进口技术会引起特殊投入的需要，一方面对本国技术进行改造，使技术适应东道国当地的原材料和零部件配套生产的需求，利用当地的资源进行生产；另一方面，寻求用本地企业投入生产的产品来代替自身生产。此外，发展中国家一般倾向投资地理位置相近或经济、文化相似的国家或地区，这使他们在获得当地资源和适应当地市场方面具有一定的优势。发展中国家对外直接投资往往具有鲜明的民族文化特色，这些投资会为海外同种族群体提供民族特色商品。

三是发展中国家在对外投资时会采用特殊的市场营销策略。发展中国家本身经济实力较差，所以对产品促销的投入也较少，主要以低廉的价格吸引更多的消费者以获得更多的市场份额，这种价格竞争优势使发展中国家的产品性价比更高，更具竞争力。

小规模技术理论的优点是打破了以往只能依赖垄断技术优势打入国际市场的基于发达国家角度的对外投资模式，将发展中国家对外直接投资竞争优势的产生与其自身的市场特征有机地结合起来，对于那些技术不够先进、经营范围和生产规模较小的企业，也有参与国际市场竞争的机会；缺点是它本质上仍旧属于技术驱动类投资，发展中国家只能对"低级技术"进行消化、吸收和创新，这导致发展中国家处于国际生产的边缘地带或者产品生命周期的最后阶段。

五、技术创新产业升级理论

技术创新产业升级理论是由坎特威尔（1991）和托兰惕诺（1993）提出的，他们从技术积累的视角解释发展中国家的对外投资行为。该理论认为技术是提高生产力的关键要素。发达国家凭借雄厚的资本进行大量研发，在高精尖领域取得优势并促使技术升级换代和产业转型升级。在此过程中，发展中国家是跟随者，发达国家的技术溢出会渗透到发展中国家，发展中国家通过技术模仿、技术创新促进本国经济发展。

技术创新产业升级理论有两个基本命题：一是发展中国家跨国公司的技术创新活动来源于对发达国家的学习，通过自身的学习能力和消化吸收能力，掌握并灵活运用现有的生产技术。这里强调发展中国家的学习和技术能力提高不是一蹴而就的，而是逐渐积累的结果。通过技术积累，促进发展中国家经济的发展和产业结构的优化和升级。二是发展中国家的技术创新能力与其对外直接投资紧密相关。发展中国家的技术积累和技术创新所带来的技术能力的提高会影响到对外直接投资的形式和增长速度。

由技术创新产业升级理论，可以推出发展中国家对外直接投资的产业分布首选以自然资源的开发为主的纵向一体化生产活动，其次是以进口替代和出口导向为主的横向一体化，产业选择也不再局限于传统产业，对高科技领域的生产和研发活动也会投资。由技术创新产业升级理论，可以推出发展中国家对外投资的地理特征是由近及远，从地理距离和文化距离接近的周边国家开始，然后投向发展中国家，最后再逐渐到发达国家。

技术创新产业升级理论强调了发展中国家"学习"的重要性，其观点与新新贸易理论的出口学习效应有异曲同工之妙。出口学习效应指企业在出口过程中学习国外先进的技术和经验，再通过贸易进行技术外溢回流到本企业，从而提高本企业的创新产出和生产率水平。它对企业技术水平的影响途径是出口—技术创新—生产率。技术创新产业升级理论指出发展中国家进行学习和积累的重要性，强调通过学习、模仿发达国家的先进技术，带动本国产业升级和经济发展。值得注意的是，技术创新产业升级理论虽然强调了对发达国家学习的重要性，但并没有指出学习的具体途径是什么，但指出了对外投资的重要性。技术创新产业升级理论是基于发展中国家角度的对外投资理论，更贴近发展中国家的现实，对发展中国家利用对外直接投资来加强技术创新和累积，从而促进国内经济发展和产业结构转型有重要的指导意义。

六、技术地方化理论

随着发展中国家经济的迅速发展，其技术和生产管理经验都得到了迅猛提升，基于低成本、低价格策略的小规模技术理论已经不能适用于发展中国家跨国公司的发展了。发展中国家对外投资企业与发达国家对外投资企业相比，规模小、资金少，只靠引进发达国家的先进技术来谋求发展，很难与发达国家对外投资企业竞争。在此背景下，英国经济学家拉奥提出了技术地方化理论。他认为发展中国家的跨国公司尽管规模小、使用标准化技术和劳动密集型技术，但这种技术的形成却包含着企业内在的创新活动。

技术地方化理论在以下四个方面具有"特定优势"。

一是发展中国家的技术与该国的要素价格和产品质量紧密相连。与发达国家相比，发展中国家的技术更具有本地化的特征，更能适应当地的市场。

二是发展中国家的经济发展和消费升级是同步的，在不同的发展阶段，对产品的需求也有所不同。由于地理和民族文化的优势，发展中国家生产的产品更能满足本国的需要。

三是依据索洛经济增长模型，经济的发展离不开生产要素和生产技术，生产要素与当地的供给条件和需求条件紧密相关，生产技术又决定了生产要素的生产效率，开展技术创新所带来的技术革新在规模经济下具有更高的经济收益。

四是消费者需求的多样化决定了产品生产的多样化，按照比较优势原则，发展中国家总能开发出一些产品，在国际市场上具有比较优势。当国内市场较大、消费者的品位和购买能力差别较大时，发展中国家更有机会获得比较优势。

相对于小规模技术理论，技术地方化理论更强调"主动学习"的重要性。在小规模技术理论中，发展中国家对外投资企业是被动地对发达国家淘汰的"低级技术"进行模仿和复制，而技术地方化理论则是主动学习发达国家先进的技术，通过技术溢出、技术模仿，最后实现本国企业的技术创新。此外，技术地方化理论也为发展中国家的持续经济发展打开了新的思路，通过技术学习和创新，发展中国家对外投资企业仍然具有与发达国家企业竞争的能力，仍然可以获得比较优势。在现代经济中，企业的竞争优势在很大程度上由其拥有的技术水平所决定。发展中国家企业与发达国家跨国公司相比，技术差距较大，自身技术研究与开发能力较弱。为了追赶世界先进水平，快速缩短技术差距，提高企业竞争力，对发展中国家企业来说，通过引进技术是一种合理的选择。

第二节　环境相关理论

环境问题已成为国际社会关注的焦点，笔者对与环境相关的理论也开展了大量的研究。本节研究与环境相关的理论，包括环境库兹涅茨曲线、外部性理论、环境竞次理论、空气流域理论、"污染天堂"和"污染光环"假说。

一、环境库兹涅茨曲线

环境库兹涅茨曲线是由美国经济学家库西蒙·兹涅茨提出的。他认为一个国家的污染水平起初会随着经济发展和国民收入水平的增加而上升，当经济发展达到一定程度时，污染水平会随着国民收入的上升而下降。如果用纵轴表示污染水平，横轴表示经济增长，可得到污染水平与经济增长之间的散点曲线呈倒 U 形，这就是环境库兹涅茨曲线。

分析环境库兹涅茨曲线可以发现它的成因有以下两点。

一是经济增长通过规模效应、技术效应与结构效应三种途径影响环境质量。经济初始发展阶段，会倾向于发展高污染、高能耗、高排放产业，在推动经济增长的同时，增加了资源利用，带来污染排放的增加。随着经济发展和消费需要的升级，国家对环保的要求越来越高，生产也会从"三高"产业向低排放、技术密集型产业倾斜，经济增长方式由粗放型向集约型转变，资源利用效率提升，环境污染水平下降。经济增长方式由粗放型向集约型转变的过程中，对技术的要求也在逐渐增强。既有技术的更新换代，高级技术替代低级技术，清洁技术替代肮脏技术，可循环技术替代一次性使用技术；也有技术产出比的增加，改善资源的使用效率，降低单位产出的要素投入，最终降低了单位产出的污染排放，削弱了生产对自然与环境的影响。随着经济发展水平的提高，生产和消费都促使高耗能重工业向技术密集型产业和服务业转型，促使产业结构优化升级，改善了环境质量。因此，经济增长通过规模效应、技术效应与结构效应影响环境质量，且在不同发展阶段有不同的表现，库兹涅茨曲线的形状特征也跟这三种效应的大小紧密相关。

二是环保意识的觉醒。当经济发展水平较低时，社会群体很少产生对环境质量的需求。经济发展水平提高后，人们更关注现实和未来的生活环境，产生了对高质量环境的需要。这些需求反映在产品需求上，是愿意购买环境友好型产品；反映在生态环境保护上，是愿意接受严格的环境规制。政府意识到环境规制的重要性，会制定一系列环保政策，提高环境规制标准，并严格限制污染密集型外资企业的进入，使社会经济结构向低污染转型。环保意识的觉醒、政策制定、环保标准的执行，会影响环境库兹涅茨曲线的形状。

环境库兹涅茨曲线强调环境和经济发展的紧密关系，国际直接投资不但与环境紧密相关，对一国经济发展也有深远的影响。因此，在分析一国的环境库兹涅茨曲线时，也应该考虑外商直接投资的作用。环境库兹涅茨曲线不能揭示污染存量的问题，它在不同国家的适用性还有待进一步检验。

二、外部性理论

外部性指的是当一个行动的某些效益或成本不在决策者的考虑范围内的时候所产生的一些低效率现象，也就是某些效益被给予或某些成本被强加给没有参加这一决策的人。一般的经济活动会产生一定的外部影响，这种影响既有正的，也有负的。正外部性是企业的私人边际成本大于社会边际成本，负外部性是企业的私人边际成本小于社会边际成本。

马歇尔把外部性理论的内部经济定义为企业内部的各种因素所导致的生产费用的节约，相应地，内部不经济就是企业内部的各种因素所导致的生产费用的增加。企业内部的各种因素包括劳动者的工作热情、工作技能、内部分工、先进设备的采用、管理水平、管理费用等。外部经济指的是由企业外部的各种因素所导致的生产费用的减少，相应地，外部不经济就是由企业外部的各种因素所导致的生产费用的增加。企业外部的各种因素包括企业离原材料供应地和产品销售市场远近、市场容量的大小、运输通信的便利程度、其他相关企业的发展水平等。

基于马歇尔的研究，庇古从福利经济学的角度扩充了外部性经济理论。该理论对解决环境污染问题给出了具体的路径。庇古认为，当存在负外部性时，即企业的私人边际成本小于社会边际成本，单纯依靠市场机制无法调节这种资源分配失衡的情况，政府应当对私人边际成本小于社会边际成本的企业征税，对私人边际成本大于社会边际成本的其他部门提供一定的经济补偿，从而减少这些企业的负外部性。这种通过将外部效应内部化的征税和补贴政策便是著名的庇古税。

在环境保护问题上，应根据污染的危害程度征收庇古税。环境污染实际上是污染排放企业将生产的私人成本转嫁到社会承担。为弥补污染排放企业私人成本与社会成本间的差距，政府就采用庇古税的方式将外溢的成本内部化，征收排污税。污染排放企业会在排污与税负中做出选择以获得最大化利益，从而主动减少污染，节约生产成本。在此过程中，污染排放企业也会意识到技术的重要性，他们会改进生产和环保技术，提高生产效率，降低污染水平。值得注意的是，政府征收庇古税的目的是让污染企业降低污染排放量，或者促进其开展技术创新，研发绿色技术。但如果税务部门税收征管力度不足的话，实际税负就会降低，与存成本就会下降，这反过来会刺激企业扩大生产规模，使污染排放量增多。

外部性理论在环境污染问题上有两个需要注意的问题：一是环境污染不是一个个体的事情，它是群体的事情，会通过产品关联效应和空间效应外溢到群体中去；二是基于外部性理论治理环境污染要重视政府的作用，让政府这只"看得见的手"来调控环境市场，采用具体的行政措施，使个体在降低自身环境污染的同时，积极参与社会环境的污染治理，从而使个体和群体实现双赢。

三、环境竞次理论

环境竞次理论认为国家在环境保护政策和环境标准制定上的逐底竞争行为，即每个国家都担心他国会采取比本国更宽松的环境保护政策、更低的环境标准，因而会制定比他国更宽松的环境保护政策、更低的环境标准以保护本国的工业，获得持续的竞争优势。这种类似"囚徒的困境"的行为加剧了全球环境的恶化。

一个国家在不同的经济发展阶段，对经济发展和环境保护的抉择会有所不同，这导致国家之间制定的环境保护政策和环境标准也是不同的。对发达国家来说，经济的发展使人们对环保的要求也越来越高，在产品需求上也注重对自然环境的保护，反映在生产领域，就要求生产者制定较为严格的环境质量标准。同时，发达国家也有足够的经济实力来制定严格的环境规制标准，这增加了企业生产运营的成本。发展中国家经济发展落后，对经济发展的需求远远超过对环境保护的要求，他们往往会以牺牲环境的代价来获得经济的增长，反映在生产领域就是通过降低环境规制水平来吸引外资企业的流入。在污染密集型企业大量涌入的同时，经济也取得了迅猛发展。在发达国家是先行者、发展中国家是追随者的过程中，发展中国家有可能会追赶上并超越发达国家。发达国家若感觉到了威胁，往往会通过降低本国的环境规制强度来发展经济，最终出现各国竞相降低环境标准的恶性竞争局面。

常见的环境竞次行为有以下几种。

一是制定相对松散的环保政策、较低的排污标准，在维持当地污染不达标企业正常运转的同时，吸引污染密集型外资企业投资，最终实现提高地方就业、促进经济发展的目的。

二是资源的过度开采和利用，尤其是自然资源较为丰富的地区。地方为了发展经济，无视自然资源的不可再生性、稀有性，过度开发矿产资源，给当地生态环境和可持续发展带来负面的作用。

三是在地方经济的发展过程中，出现发展模式雷同的现象。一些地方会完全照搬相对发达地区的发展模式，在经济政策制定、经济结构安排、经济目标完成上都照搬模仿，目的是促进地方经济发展。在此过程中，许多地方忽视了自身的特色和优势，不仅没有带来经济的迅猛发展，而且浪费了大量生产资源，忽视了生态环境承载力，导致污染加重。

环境竞次行为是一种以长远发展换取短期利益、以人为手段干预市场机制的做法，对发达国家和发展中国家的发展都是不利的，会造成产业结构同质化、产能严重过剩、生态环境破坏等不利后果。

四、空气流域理论

污染物具有流动性、扩散性，因此，某一污染物所造成的污染不会只局限于某一地区，而会呈现区域化的趋势。根据空气流域理论，大气是一个没有边界的整体，但污染物从某地排放后，并不会立刻在整个大气范围内均匀混合，而一般是会在局部地区造成污染，这是因为大气中存在可以将其分割为若干个独立气团的"空气分水岭"。"空气流域"指的就是在同一气团笼罩下的地理区域。

某一地方生态环境的污染，可能来自本地污染物的排放，也可能来自外地污染物的输入，污染区域的边界往往与地理行政边界不一致，常出现污染物跨界污染的情况。跨界污染可以涉及两个行政区，一方单纯是污染物的排放者，另一方单纯是污染物的接受者；也可能双方都既是污染物的排放者，也是接受者。跨界污染也可能涉及多个行政区，污染物排放者、污染物接受者、污染物排放者和接受者多种角色混合，造成了地区污染排放的复杂性。

由此可见，某一地方的环境污染并不完全是地方自身的行为，而是外来污染源与本地污染源排放的污染物叠加后的结果，污染排放的区域性、交叉性会加重地方的环境污染，也给地方环境污染的治理造成了较大的阻碍。某一地方在治理环境污染时，要着重关注以下几个方面。

一是当地生产造成的环境污染类型。要看污染是由环境要素造成的污染，还是由人为要素造成的污染。人为要素中，要区别对待是工业生产造成的污染、城市尾气排放造成的污染还是农业生产造成的污染。

二是外来的环境污染。大气污染、水体污染、辐射污染都会跟着载体从一个地区流动到另一个地区。在环境治理时，不能仅仅从一个地方的角度出发，要考虑跨行政区污染扩散问题，与其他区域一起共同治理环境。

三是当地污染的外部扩散。这种污染扩散对当地的负面影响可能会远远小于对其他地区的负面影响，这是因为同一污染源的污染物浓度在不同的条件下相差可达几十乃至几百倍。因此，当地政府应承担起责任，治理好自身的环境污染问题，防止污染的外部性扩散。

空气流域理论能够较为科学地描述地区的环境问题，找出地区环境污染的根源，包括污染来源地和污染物类型，也为协同治理、共同保护环境提供了理论基础。空气流域理论的缺点是使环境污染责任的划分更为复杂，造成地方政府责任不明晰，甚至推诿的现象。

五、"污染天堂"和"污染光环"假说

"污染天堂"假说也称"污染避难所假说"或"产业区位重置假说"，是由 Walter 和 Ugelow（1979）提出的，指的是对外投资企业倾向于向实施环境规制强度比较低的国家或地区转移。

"污染天堂"假说认为资本流动的重要原因是环境规制强度。发达国家取得了较高的经济发展成就，在环境规制上的要求更高，制定了较为严格的环保标准。对外投资企业如果想投资于发达国家，就要支付高昂的环境成本，这增加了外资企业的生产成本，压缩了利润空间。发展中国家为了使自身经济得到快速发展，会制定较低的环境规制标准，吸引更多的污染密集型产业向本地转移，从而快速发展经济。因此，发达国家在对外投资时，会将高污染、高排放的企业转移到发展中国家，使后者的环境污染程度越来越严重，发展中国家也成了"污染的天堂"。

"污染天堂"的存在不是发达国家单方面作用的结果，而是发达国家和发展中国家合力的结果。一方面，发达国家为了发展绿色经济，制定较高的环保标准，使得国内污染密集型产业无法在本国立足。发达国家的环保政策和产业结构变迁对污染密集型产业造成了一种"推力"。另一方面，发展中国家面临着较大的经济发展压力和激烈的国际竞争环境。为了促进本国经济发展，发展中国家往往容易降低环境规制标准来招商引资，在提升国内产品竞争力的同时，也引入了大量污染密集型企业，这种对污染密集型产业的"拉力"牺牲了发展中国家的环境质量。

"污染光环"假说也称"污染晕轮"假说，指的是外资进入东道国，会使东道国的环境质量状况得到改善。发达国家外商投资企业进入东道国，会从以下几个方面改善东道国的环境质量。

一是发达国家先进的环境治理技术和环保标准，会对当地企业产生示范效应，促使东道国企业不断提高环保技术和生产标准。当示范效应扩大到整个行业，会带动地区甚至全国环境质量的改善。

二是发达国家对外投资企业具备强大的技术研发与创新能力，它们具有更先进的生产方式，能将更多的资源应用于清洁生产、污染物处理及环

境管理制度的改进上。这种技术研发能力会通过溢出效应扩散到东道国企业。东道国企业可以借鉴跨国公司先进的技术与管理经验，提高环保标准，使地区环境质量得到改善。

三是发达国家企业进入东道国市场参与竞争，会给东道国企业造成压力。外资企业的先进生产技术和环保生产标准，会提高资源的利用效率，降低生产成本，其产品在市场上更具竞争力。另外，消费者的需求会随着经济的发展要求越来越高，对环境友好型产品的追逐也增加了外资企业产品的竞争力。因此，东道国企业迫于竞争的压力，不得不开展技术创新，开发绿色产品。

"污染光环"假说更多体现了东道国企业的主观能动性，虽然发达国家外资企业给了东道国企业一定的竞争压力，但如果东道国企业不能积极开展技术创新，提高资源利用效率，就无法缩短与发达国家企业之间的技术差距，在市场上则会始终处于从属地位。因此，东道国企业自身的学习主动性在"污染光环"假说中尤为重要。

第三节　双向ＦＤＩ影响环境的机制分析

无论是 IFDI 还是 OFDI 影响环境都存在一定的机制，本节对双向 FDI 影响环境的机制展开分析，探索双向 FDI 影响环境的作用途径，为治理环境提出更为切实的对策建议。

一、IFDI 影响环境的机制分析

IFDI 对环境有正向、负向和不确定的影响。为什么会有不同的影响效果？因为 IFDI 对环境影响存在不同的机制，主要包括技术效应、规模效应、结构效应和城镇化效应。这些机制共同作用，产生了不同的效果。

（一）技术效应

外商直接投资一般是经济相对发达国家的企业向经济相对不发达国家进行投资。在投资过程中，发达国家对外投资企业会把国内较为先进的环保技术、较为严格的环境标准带到东道国去，这些技术和环保标准又会通过示范效应、技术溢出效应和竞争效应促进东道国企业的技术进步，从而带动东道国环境质量的提升。

发达国家的技术更新换代比较快。对发达国家来说，落后的、要淘汰的边缘技术，对于落后国家来说，却是比较先进的技术。这些边缘技术可以提高当地的劳动生产率，但能否改善生态环境却不确定。如果是发达国家污染密集型企业向发展中国家转移，环保技术水平就不会太高，对东道国的生态环境不但不会带来正向的影响，反而会恶化东道国的生态环境。另外，发达国家的环保技术如果较高，但东道国自身的吸收能力有限，不能对技术进行消化、吸收并有所创新的话，高水平的环保技术仍然不能改善东道国的生态环境。

因此，如果 IFDI 带来的是有利于节能减排的环保技术，且这些技术水平远远超过东道国企业的技术水平，并且东道国自身在市场规模、技术开发、资源利用、人力资本上有较高的吸收能力的话，IFDI 就会为东道国生态环境带来正向的效应。如果 IFDI 带来的技术只是增加了规模和劳动生产率，忽视了环保标准，那对东道国的生态环境就会产生负向的效应。

（二）规模效应

根据环境库兹涅茨曲线，经济增长会加剧二氧化碳排放量的增加，从而对环境产生不利影响。一是因为企业生产规模扩大，对能源的消费会增加，在企业不注重环保技术和外部环境没有较高的环境规制的条件下，就会增加污染物排放，对当地环境造成不利的影响。二是地方政府为了招商引资以促进当地就业和经济发展，会自动降低当地的环境规制标准来吸引大量的资源密集型外资企业进入该地区。随着大量外资企业在该地区的聚集，这些企业在生产活动中会消耗大量资源，产生较多的污染物，对当地环境造成污染。

另外，外商直接投资的规模扩大和产业集聚又会带动当地的就业，并提高当地的经济增长率，使居民的人均收入水平不断提高。人们的收入水平得到提升，公众的环境保护意识开始逐渐增强，对消费产品和环境质量的要求都会提高。政府开始增强环境规制强度，制定一系列的环保政策，提高环境保护标准。这会增加高碳排放企业的生产成本，使其丧失在市场上的竞争力。企业为了获得市场竞争力并抢占绿色产品市场份额，不得不进行转型升级。企业会加大对绿色生产技术研发的投入，生产出满足市场需求的环保产品。在此生产过程中会减少二氧化碳的排放，改善空气质量。

（三）结构效应

一个国家有三大产业，第二产业是制造业。制造业是能源的主要消费者，也是污染排放的主要来源。如果第二产业中重工业、重污染产业所占比重较大的话，其对空气污染的贡献也较大。外资流入通过结构效应影响东道国的环境主要有两个方面的原因。

一方面，东道国在引进外资的初始阶段，经济发展的水平普遍较低，为促进经济发展，在制定 IFDI 流入的环境准入门槛时，政府设置的标准相对较低，低强度的环境规制导致大量高碳排放的 IFDI 生产企业流入，在增加第二产业占比的同时，也增加了高能源消耗、高污染产品的产出。因此，第二产业占比越大，对环境质量的负面影响越大。当经济发展到一定阶段，政府会增加环境规制强度，抬高 IFDI 流入的环境准入门槛，这会降低 IFDI 流入第二产业的比重，吸引环境友好型 IFDI 流入第三产业，改善产业结构，进而减少二氧化碳的排放。

另一方面，第二产业内部有重污染产业和低污染产业之分。经济发展初期，低的环境规制标准会导致大量污染密集型产业流入重污染产业中，加剧了环境污染。随着环境规制程度的增强，污染密集型 IFDI 的流入会受到限制，跨国公司对制造业的投资会转向低污染产业，这会降低碳排放，改善东道国的生态环境。

如果是逆梯度的 IFDI，跨国公司进入的国家经济发展水平相对较高，民众环保意识较强，环境规制标准较为严格，跨国公司会倾向于投资第一产业和第三产业，或者是第二产业中的低污染产业，这不会增加污染物排放，有利于东道国环境质量的提升。

（四）城镇化效应

城镇化是指农村人口向城镇迁移的过程，在城镇化推进的过程中会导致城市人口增加，城市规模扩大，对城市环境造成影响。在 IFDI 通过城镇化效应影响城市环境质量的分析中，可以发现 IFDI 通过城镇化效应是有利于城市环境还是不利于城市环境，取决于如下两种效应的综合力量大小。

一是人口集聚效应。首先，城镇化水平的提高会带来城市人口的增加，这会增加城市家庭生活能源消耗，增加城市垃圾，最终导致城市污染物排放增加，环境质量下降。其次，人口集聚效应使集体智慧增加、集体环保意识觉醒，人们会通过技术创新对城市垃圾做无害化处理，自觉进行城市环境保护，遵守环境规章制度，这不但不会污染环境，而且有利于城市环境的改善。

二是城镇化的推进会让城市产业结构发生变化。在城镇化的初级阶段，经济发展放在首位，污染密集型制造企业常位于城市中心，这些企业规模的扩张和集聚对城市污染造成了较大的负面影响。随着城镇化进程的加快发展，技术和环保融入了城市发展当中并成为主流元素。城市把污染密集型制造企业逐渐边缘化或迁移到其他地区，并投入一定资金维护城市环境，在经济发展的同时，也促进了城市环境的改善。

由此可见，IFDI 通过城镇化效应是否有利于城市环境的改善取决于这两种效应的综合力量大小，而这两种效应在城市发展的不同时期对环境又有不同的影响。总体来说，IFDI 通过城镇化效应对环境质量的影响是不确定的。

二、OFDI 影响环境的机制分析

与 IFDI 一样，OFDI 对环境的影响也存在不同的机制，这些机制共同作用，导致 OFDI 影响环境出现不同的效果。OFDI 影响环境的机制主要包括逆向技术溢出效应、规模效应、结构效应和倒逼效应，这些机制共同作用，使 OFDI 正向、负向和不确定地影响环境。

（一）逆向技术溢出效应

逆向技术溢出效应指的是发展中国家在向发达国家对外投资时，这些跨国企业会学习发达国家先进的环境技术和环境规制标准，并对这些技术和标准进行消化和吸收，最终逆向溢出到母国企业，带动母国环境水平的提升。

跨国公司通过在东道国建立子公司或研发合作机构等方式吸引东道国高技术人才，或通过并购获得先进生产工艺，开展技术创新，提高子公司技术研发水平。这些技术通过子公司和母公司业务往来或人才交流回流至母公司，从而整体上提高母公司技术水平。母国企业也会通过学习、吸收，开展研发创新，最终带动母国技术水平的提高。除了"干中学"效应外，跨国公司也会通过竞争效应提高自身技术水平。在与东道国同行业企业的竞争过程中，跨国公司会加大研发资金投入、改进生产工艺或更新生产设备。这些环保技术也会溢出到母国，提高母国的劳动生产率，减少能源消耗，最终带动母国生态环境的改善。

站在母国的角度，对外投资企业会提高其母国公司的竞争力，在国内形成竞争效应和示范效应。国内企业为了保持市场份额，也必须开展研发，增强竞争力，从而提高整个行业的生产效率，提高全要素生产率。此外，相关上下游企业也会通过产业关联效应改进生产工艺，减少单位产品产能消耗，提高产品技术水平。技术水平的提高不但有利于节约能源消耗，也会改善环保技术，最终有利于母国环境的改善。

（二）规模效应

OFDI 对母国环境影响的规模效应指母国对东道国地区的直接投资会

影响母国的经济规模。根据环境库兹涅茨曲线，一国的环境污染与经济发展水平紧密相关。OFDI 通过影响母国资本存量、技术等因素作用于国内经济发展，从而进一步影响国内生态环境。

由于在某些自然资源的开发方面存在技术缺陷或供给不足等问题，我国会花费高额的外汇储备从国外进口一些自然资源，如石油、天然气等战略性资源。一方面，进口满足了我国生产的资源需求；另一方面，大量的进口增加了我国对国外产品的依赖度，威胁到国家经济安全。资源寻求型对外直接投资可以规避这些缺陷，可以获得东道国自然资源的开发和利用权并建立长久、稳定的供应渠道。资源的增加意味着生产规模的扩大，导致生产过程中二氧化碳排放量也随之增加，加重了环境污染。

当对外投资是市场寻求型时，如果是寻求产品的梯度转移，即夕阳产业从母国转移到东道国，一方面有利于母国转移过剩产能，释放部分生产要素投入国内具有比较优势的其他产业或新兴高技术产业中以实现生产要素高效化，提高资源配置效率；另一方面有利于母国改善国内环境，获得产品的边际利益，增加经济产出。当对外直接投资为战略资源寻求型时，跨国公司会向比母国发达的东道国投资。这会提高企业人力资本水平，实现生产资源与创新技术的逆向溢出，有利于母国环境改善。

（三）结构效应

跨国公司进行对外投资一般投资于第二产业和第三产业。第二产业是制造业，包含重污染产业和轻污染产业，产生的碳排放相对较多。第三产业是知识、信息和技术密集的服务业，产生的碳排放相对较少。

当对外投资是顺梯度时，发达国家将本国国内已经失去比较优势的夕阳产业转移到发展中国家，这些产业在发展中国家没有失去比较优势，可能还是朝阳产业。这有利于发达国家自身产业结构升级，把生产要素解放出来，集中力量发展科技水平更高、效率更好的具有比较优势的产业。对发展中国家而言，承接发达国家的夕阳产业可以带动本国经济发展，有利于当地的产业结构调整。在此过程中，发达国家的生产要素得到了优化配置，提高了能源效率，降低了碳排放；发展中国家承接了大量污染密集型产业，增加了环境污染，不利于国内环境质量的改善。

当对外投资是逆梯度时，发展中国家对发达国家的对外投资以技术获得为目标，希望通过跨国投资来学习国外先进技术和创新知识，并通过逆向技术溢出来带动国内企业技术进步。发展中国家的 OFDI 主要流向技术密集型产业和第三产业，通过技术的改造升级，促进国内产业结构优化。对发达国家而言，发展中国家的 OFDI 有利于本国就业水平的提高，弥补国内"产业空心化"，提高国内劳动生产效率，优化国内环境。

（四）倒逼效应

母国对东道国的 OFDI 使对外投资企业在东道国接触到新的知识、想法、工艺和技术，这些想法和技术既包含提高环境治理水平的环保技术，也包含节约资源、提高效率进而提升环境质量的其他技术。对外投资企业在东道国的竞争压力会倒逼它们开展技术创新，并通过产业关联效应带动整个行业技术水平的提升，为母国生态环境的提高做出贡献。

对外投资企业在东道国投资过程中，会感受到与东道国的技术差距，这种技术差距反映在产品质量和产品价格上，就是产品质量不高而产品价格偏高。为了在东道国市场站稳脚跟，并获得更多的市场份额。对外投资企业会学习东道国企业先进的技术，并在消化吸收技术的基础上，开展技术创新。竞争压力倒逼对外投资企业开展技术创新，创新技术又会传递到母国公司。

对母国公司而言，由于有海外子公司这个窗口，在技术上可以在国内处于行业的领先地位，并通过产业间的关联效应带动相关上下游产业的扩张，并促进生产率的提高。母国公司竞争力的提升会对行业内的企业形成威胁，这又会倒逼行业内企业开展技术模仿和技术创新，提升产品质量，优化产品结构，并通过产业链的传导对上下游企业产生压力，形成产业间的影响。企业倒逼效应引发的行业倒逼效应可促使母国整体技术水平的提升，有利于母国环境质量的改善。

第四章 中国双向FDI现状分析

中国的对外开放政策使得外商直接投资（FDI）大量流入中国，为中国经济的发展做出了较大的贡献。外商直接投资经历了不同的发展阶段，呈现出异质性的特点。OFDI起步晚于IFDI，但发展迅速。OFDI在不同的发展阶段也有不同的特点，促进了中国经济的繁荣。

第一节 中国 IFDI 现状分析

本节研究了中国IFDI现状，从中国IFDI发展历程、中国IFDI来源分布、中国IFDI投资方式、中国IFDI行业分布和中国IFDI区域分布方面对中国IFDI现状展开了详细的分析。

一、中国 IFDI 发展历程分析

改革开放以来，中国将对外开放确定为一项基本国策。大量外资进入中国市场，加快了中国的现代化建设。从总体上看，中国利用外商直接投

资规模不断扩大、结构不断优化。中国 IFDI 发展历程可以分为四个阶段。

第一阶段：萌芽阶段（1979—1991 年）。

在萌芽阶段，中国刚刚打开国门，政府制定各项政策吸引外资。总体上来看，中国外商投资企业数、合同外商直接投资额和实际使用外资金额都有了较为缓慢的增长。由表 4-1 可知，中国合同外商直接投资总额从 1978 年的 0 增加到 1991 年的 12978 亿美元。这一阶段，是中国对外探索的摸索阶段，各项政策尚不完善，外资对中国市场持观望态度，并没有对中国进行大规模投资，导致中国整体 IFDI 处于比较低的范围内。

表 4-1　1979—2020 年中国利用外商直接投资规模统计

年　份	企业数 / 个	合同外商直接 投资额 / 亿美元	实际使用 外资金额 / 亿美元
1979—1982 年	947	920	130.60
1983 年	690	638	22.60
1984 年	2204	2166	28.70
1985 年	3145	3073	47.60
1986 年	1551	1498	76.30
1987 年	2289	2233	84.52
1988 年	6063	5945	102.30
1989 年	5909	5779	100.59
1990 年	7371	7273	102.89
1991 年	13086	12978	115.50
1992 年	48858	48764	192.02
1993 年	83595	83437	389.55
1994 年	47646	47549	432.06
1995 年	37184	37011	481.33
1996 年	24673	24556	548.04
1997 年	21138	21001	644.08
1998 年	19850	19799	585.57
1999 年	17022	16918	526.59
2000 年	22347	22347	593.60

续表

年　份	企业数 / 个	合同外商直接 投资额 / 亿美元	实际使用 外资金额 / 亿美元
2001 年	26140	26140	496.70
2002 年	34171	34171	550.10
2003 年	41081	41081	561.40
2004 年	43664	43664	640.72
2005 年	44001	44001	638.05
2006 年	41473	41473	698.76
2007 年	37871	37871	783.40
2008 年	27514	27514	952.53
2009 年	23435	23435	918.04
2010 年	27406	27406	1088.20
2011 年	27712	27712	1176.98
2012 年	24925	24925	1132.94
2013 年	22773	22773	1187.21
2014 年	23778	23778	1197.05
2015 年	26575	26575	1262.67
2016 年	27900	27900	1260.01
2017 年	35652	35652	1310.35
2018 年	60533	60533	1349.66
2019 年	40888	40888	1381.35
2020 年	38570	38570	1443.69

资料来源：国家统计局《中国统计年鉴2021》.

第二阶段：快速增长阶段（1992—1997 年）。

1992 年，邓小平同志在视察南方期间发表的一系列重要谈话彻底打开了中国对外开放的大门。政府出台的各项政策也日益完善，给了外商投资者极大的信心。党的十四大召开，确定了把建设社会主义市场经济体制作为经济体制改革的一项重要内容。各级政府也制定了外资优惠各项政策措施，国内市场为外资流入提供了较为稳定的环境。中国 IFDI 迅速扩张，实际使用外资金额由 1992 年的 192.02 亿美元增加到 1997 年的 644.08 亿美元，增长了两倍多。

第三阶段：调整阶段（1998—2001 年）。

调整阶段的典型特点是外资波动比较明显，实际使用外资金额出现了"下降—上升—下降—上升"的波动特征。原因是国际投资环境发生了变化，国内宏观环境也发生了相应变化。在此期间爆发了席卷整个亚洲的东南亚金融风暴，中国的外商直接投资政策也做了调整。各种因素导致这一时期的 IFDI 呈波动性。

第四阶段：平稳发展阶段（2002 年至今）。

中国在 2001 年加入 WTO，在投资的软硬环境上都得到了极大改善，WTO 的正向效应在中国外资流入上得到了极大体现，中国 IFDI 进入平稳发展阶段。值得注意的是，2008 年席卷全球的金融危机并没有对中国 IFDI 造成太大的冲击，中国的经济实力较强，抗击风险的能力大大提升。实际使用外资金额由 2002 年的 550.1 亿美元增加到 2020 年的 1443.69 亿美元，虽然在 2005 年和 2009 年有些微小的波动，但整体呈上扬趋势。

二、中国 IFDI 来源分布分析

中国 IFDI 来自六大洲 100 多个国家。表 4-2 展示了 2015—2020 年间中国 IFDI 来源地，可以看出，对中国直接投资最多的地区是亚洲，在 2020 年金额达 1240.25 亿美元。2015—2020 年，亚洲地区对中国投资占比在 78.44% 和 85.91% 之间，这说明地理位置和文化距离对一国对外投资的影响非常大。地理位置和文化距离越近，越有利于开展对外投资。总体上看，对中国投资的地区排名是亚洲、拉丁美洲、欧洲、北美洲、大洋洲和非洲。拉丁美洲和欧洲对中国投资相差不大，欧洲和北美洲对中国投资总和占比为 7.03%（2020 年），这说明发达国家对中国投资相对来说还是比较少。依据《中国统计年鉴 2021》，进一步分析欧洲和北美各国对中国的投资，发现 2020 年对中国投资主要集中在荷兰、德国和英国这三个国家，这三个国家投资比重占 65.42%。北美洲对中国投资的国家主要是美国，占 86.04%。

表 4-2　2015—2020 年各大洲对中国 IFDI 金额及比重

时间	亚洲		非洲		欧洲		拉丁美洲		北美洲		大洋洲		其他	
	金额/亿美元	比重/%	金额/亿美元	比重/%	金额/亿美元	比重/%	金额/亿美元	比重/%	金额/亿美元	比重/%	金额/亿美元	比重/%	金额/亿美元	比重/%
2015年	1041.59	82.49	5.85	0.46	68.97	5.46	91.38	7.24	30.43	2.41	24.44	1.94	—	0.00
2016年	988.31	78.44	11.27	0.89	94.34	7.49	122.16	9.70	31.04	2.46	12.68	1.01	0.21	0.01
2017年	1091.94	83.33	6.57	0.50	88.36	6.74	63.63	4.86	42.86	3.27	16.1	1.23	0.89	0.07
2018年	1070.13	79.29	6.1	0.45	111.94	8.29	90.26	6.69	51.48	3.81	19.09	1.41	0.65	0.06
2019年	1168.88	84.62	4.72	0.34	80.74	5.84	75.67	5.48	34.08	2.47	17.26	1.25	—	0.00
2020年	1240.25	85.91	7.05	0.49	74.7	5.17	80.53	5.58	26.78	1.86	12.49	0.87	1.88	0.12

资料来源：2016—2021 年《中国统计年鉴》。

表 4-3 展示了亚洲各国及地区对中国的外商直接投资，可以发现，2015—2020 年，中国香港、新加坡、韩国和日本一直居于前四位，中国台湾和中国澳门或居于第五位或居于第六位。此外、马来西亚、泰国、印度、印度尼西亚、阿联酋、菲律宾、柬埔寨和越南都是中国重要的投资国家。

表 4-3　2015—2020 年亚洲各国（地区）对中国的外商直接投资排名

排 名	2015 年	2016 年	2017 年	2018 年	2019 年	2020 年
1	中国香港	中国香港	中国香港	中国香港	中国香港	中国香港
2	新加坡	新加坡	新加坡	新加坡	新加坡	新加坡
3	韩国	韩国	韩国	韩国	韩国	韩国
4	日本	日本	日本	日本	日本	日本
5	中国台湾	中国台湾	中国台湾	中国台湾	中国澳门	中国澳门
6	中国澳门	中国澳门	中国澳门	中国澳门	中国台湾	中国台湾
7	马来西亚	马来西亚	印度	马来西亚	泰国	泰国
8	沙特阿拉伯	菲律宾	泰国	越南	马来西亚	马来西亚
9	印度尼西亚	文莱	马来西亚	沙特阿拉伯	柬埔寨	柬埔寨
10	印度	印度尼西亚	印度尼西亚	菲律宾	以色列	阿联酋
11	文莱	泰国	文莱	印度	印度	以色列
12	泰国	印度	柬埔寨	泰国	阿联酋	菲律宾

续表

排名	2015 年	2016 年	2017 年	2018 年	2019 年	2020 年
13	阿联酋	以色列	沙特阿拉伯	印度尼西亚	越南	印度尼西亚
14	菲律宾	阿联酋	科威特	阿联酋	菲律宾	印度
15	土耳其	土耳其	阿联酋	哈萨克斯坦	印度尼西亚	文莱

资料来源：2017—2020 年《中国统计年鉴》。

图 4-1 显示了 2020 年中国大陆（内地）前十大投资国（地区）投资额占世界总投资的比重。2020 年，中国大陆（内地）前十大投资国（地区）分别是中国香港、新加坡、韩国、日本、荷兰、美国、中国澳门、德国、中国台湾和英国。其中，中国香港投资占比最大，为 73.28%，新加坡和韩国分别为 5.32% 和 2.50%，其他国家（地区）投资占比都在 2.50% 以下。

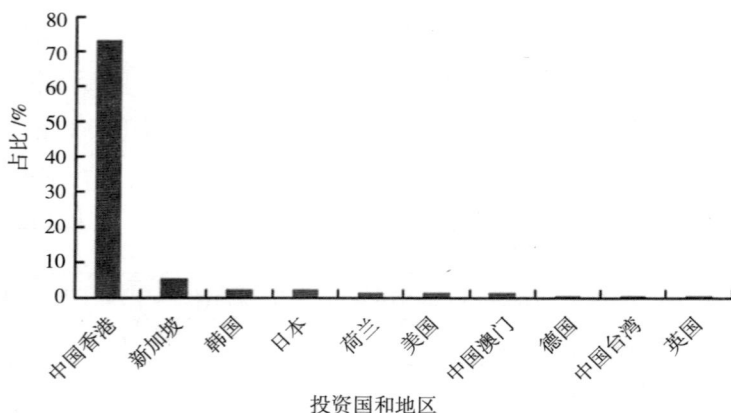

图 4-1　2020 年中国大陆（内地）前十大投资国和地区投资占比
（资料来源：根据《中国统计年鉴 2021》计算整理）

三、中国 IFDI 投资方式分析

中国采用多种方式吸引外资，目前 IFDI 企业有中外合资经营企业、中外合作经营企业、外资企业和外商投资股份有限公司。中外合资经营企业指的是中外合资经营的方式，中外合作经营企业指的是中外合作经营的方式，两者在合资方式、组织形式、投资回收方式、经营管理机构和利润分配方式上存在很大不同。外资企业指的是外商独资企业，外商投资股份制有限公司指的是东道国与母国法人组成的股份制企业。国际间接投资者并不直接参与国外企业的经营管理活动，其投资活动主要通过国际资本市场（或国际金融证券市场）进行。

由表 4-4 可知，外资企业无论是在项目数上还是在实际使用金额上都是最多的。2015 年，外资企业项目数为 20398 个，2018 年，外资企业项目数为 50106 个，2019 年，外资企业项目数为 30533 个，总体呈上升趋势。外资企业实际使用金额 2015 年为 953 亿美元，2019 年为 936 亿美元，没有明显的上升或下降趋势，有少许波动，总体上比较稳定。

从项目数上来看，2015 年外商投资股份制有限公司最少，但它的增速较快，2019 年超过了中外合作经营企业，在四种投资方式中居于第三位。中外合作经营企业下降较快，由 2015 年的 110 个下降到 2019 年的 70 个。从实际使用金额上看，中外合作经营企业最少，在 2019 年更是下降到 3 亿美元。外商投资股份制有限公司在 2015 年是 33 亿美元，到 2019 年增加到 81 亿美元。

表 4-4　2015—2019 年中国 IFDI 的投资方式

时间	投资项目									
	项目数 / 个					实际使用金额 / 亿美元				
	中外合资经营企业	中外合作经营企业	外资企业	外商投资股份制有限公司	总计	中外合资经营企业	中外合作经营企业	外资企业	外商投资股份制有限公司	总计
2015年	5989	110	20398	78	26575	259	18	953	33	1263
2016年	6662	126	21024	86	27898	302	8	861	88	1259
2017年	8364	124	27007	125	35620	297	8	913	65	1283
2018年	10170	107	50106	129	60512	345	8	894	83	1330
2019年	10077	70	30533	117	40797	318	3	936	81	1338

资料来源：2016—2020 年《中国统计年鉴》。

四、中国 IFDI 行业分布分析

表 4-5 显示了中国 IFDI 在各行业投资的项目数，可以发现项目数最多的 5 个行业分别是批发和零售业、租赁和商务服务业、科学研究和技术服务业、制造业及信息传输、软件和信息技术服务业。由此可见，中国引进的资金大部分投向了服务业和制造业，其中服务业所占的比重基本上是逐年上升的，在当前已大大超过了制造业，占据主导地位。制造业在 2015 年的项目数是 4507 个，居于第二位，2020 年项目数是 3732 个，居于第四位，制造业不具有吸引外资的优势，服务业成为外商直接投资的热衷产业。以信息传输、软件和信息技术服务业为例，2015 年项目数为 1311 个，居于第 6 位，2020 年项目数为 3521 个，居于第 4 位。

表 4-5　2015—2020 年中国 IFDI（按项目数）行业分布　　单位：个

行业	2015 年	2016 年	2017 年	2018 年	2019 年	2020 年
农、林、牧、渔业	609	558	706	741	495	493
采矿业	34	26	26	46	31	46
制造业	24507	4013	4986	6152	5396	3732
电力、热力、燃气及水生产和供应业	264	311	372	284	295	260
建筑业	176	268	633	1449	557	602
批发和零售业	19156	9399	12283	22853	13837	110812
交通运输、仓储和邮政业	449	425	517	754	591	592
住宿和餐饮业	611	620	703	854	835	804
信息传输、软件和信息技术服务业	61311	1463	3169	7222	4295	43521
金融业	42003	2476	1742	2469	865	356
房地产业	387	378	737	1053	1050	1190
租赁和商务服务业	34465	4631	5087	9099	5777	27513

续表

行业	2015 年	2016 年	2017 年	2018 年	2019 年	2020 年
科学研究和技术服务业	51970	2444	3391	5819	5183	36252
水利、环境和公共设施管理业	84	97	156	151	143	223
居民服务、修理和其他服务业	217	245	349	485	361	447
教育	38	96	203	266	258	210
卫生和社会工作	51	77	114	83	111	109
文化、体育和娱乐业	238	371	476	749	804	1407
公共管理和社会组织	5	2	2	4	4	1

资料来源：2016—2021 年《中国统计年鉴》。

第一产业包括农、林、牧、渔业；第二产业包括采矿业，制造业，电力、热力、燃气及水生产和供应业，建筑业；第三产业包括批发和零售业，交通运输、仓储和邮政业，住宿和餐饮业，信息传输、软件和信息技术服务业，金融业，房地产业，租赁和商务服务业，科学研究和技术服务业，水利、环境和公共设施管理业，居民服务、修理和其他服务业，教育，卫生和社会工作，文化、体育和娱乐业以及公共管理和社会组织。表 4-6 中，2015 年，第一产业实际使用外资占 1.21%，第二产业占 34.53%，第三产业占 64.26%。2020 年，第一产业实际使用外资占 0.40%，第二产业占 25.35%，第三产业占 74.25%。可以发现，跨国公司对中国第一产业和第二产业的投资额都下降了，但对第三产业的投资额却增加了。这说明跨国公司的投资与中国的绿色发展紧密相关：减少对污染密集型制造业的投资，增加对技术含量高的服务业的投资。

表 4-6 2015—2020 年中国 IFDI（按实际使用金额）行业分布

单位：万美元

年份	第一产业		第二产业						第三产业																总计
	农、林、牧、渔业	占比	采矿业	制造业	电力、热力、燃气及水生产和供应业	建筑业	第二产业总计	占比	批发和零售业	交通运输、仓储和邮政业	住宿和餐饮业	信息传输、软件和信息技术服务业	金融业（实际使用金额/万美元）	房地产业	租赁和商务服务业	科学研究和技术服务业	水利、环境和公共设施管理业	居民服务、修理和其他服务业	教育	卫生和社会工作（实际使用金额/万美元）	文化、体育和娱乐业	公共管理和社会组织	第三产业总计	占比	
2015 年	153386	1.21%	24292	3954290	225022	155876	4359480	34.53%	1202313	418607	43398	383556	1496889	2899484	1004973	452936	43334	72131	2894	14338	78941	–	8113794	64.26%	12626660
2016 年	189770	1.51%	9634	3549230	214677	247744	4021285	31.91%	1587016	508944	36512	844249	1028901	1965528	1613171	651989	42159	49038	9437	25411	26732	–	8389087	66.58%	12600142
2017 年	107492	0.82%	130198	3350619	352132	261940	4094889	31.25%	1147808	558803	41914	2091861	792119	1685559	1673855	684373	56951	56723	7747	30516	69846	3057	8901132	67.93%	13103513
2018 年	80131	0.59%	122841	4117421	442390	148809	4831461	35.80%	976689	472737	90107	1166127	870366	2246740	1887459	681298	47408	56166	7420	30178	52290	12	8584997	63.61%	13496589
2019 年	56183	0.41%	219044	3537022	352398	121551	4230015	30.62%	904982	453316	97180	1468232	713206	2247188	2207283	1116831	52242	54218	22248	27186	62986	166	9527264	68.97%	13813462
2020 年	57567	0.40%	66394	3099695	311375	181887	3659351	25.35%	1184445	498859	82415	1643102	648240	2033057	2656159	1793997	56758	30766	28061	23547	39602	–	10720008	74.25%	14436926

资料来源：2016—2021 年《中国统计年鉴》。

五、中国 IFDI 区域分布分析

东部地区包括北京、天津、河北、上海、江苏、浙江、福建、山东、广东和海南。中部地区包括山西、安徽、江西、河南、湖北和湖南。西部地区包括内蒙古、广西、重庆、四川、贵州、云南、西藏、陕西、甘肃、青海、宁夏和新疆。东北地区包括辽宁、吉林和黑龙江。中国香港、中国台湾、中国澳门不包含在本次研究之内。

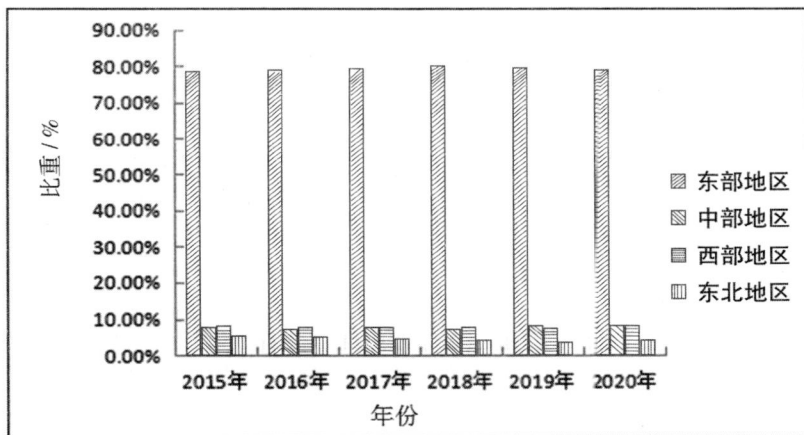

图 4-2 2015-2020 年中国各地区外资项目数比重统计图

中国 IFDI 存在区域发展不平衡的问题。东部地区自然条件优越，经济发展起步较早，对外资的吸引力要高于中西部地区。由图 4-2 可知，东部地区企业数所占比重最高，从 2015 年到 2020 年都在 78% 以上，中部地区和西部地区的比重在 8% 左右，对外资吸引力相对较小且相差不大。东北地区的比重在 4% 至 5% 之间，对外资的吸引力最小。

表 4-7 2015-2020 年中国各地区吸收外商投资总额明细表 单位：亿美元

地区	省、自治区、直辖市	2015 年	2016 年	2017 年	2018 年	2019 年	2020 年
东部地区	北京	3810	4274	4864	5477	5996	6469
	天津	1813	2226	2548	2906	3105	3064
	河北	736	848	958	1087	1590	2254
	上海	6613	7342	7982	8849	9552	10334
	江苏	7822	8799	9658	10560	11735	13697
	浙江	2918	3199	3734	4458	5007	5893
	福建	1967	2263	2607	2787	2975	3153
	山东	2193	2519	3042	3452	5754	12073
	广东	6443	7816	17622	19235	19533	21672
	海南	312	760	761	928	1045	27450
中部地区	山西	411	422	497	630	701	926
	安徽	1065	673	866	1130	1656	3227
	江西	726	777	808	877	1010	1331
	河南	687	822	1045	1054	1163	1119
	湖北	892	993	1151	1423	1864	2371
	湖南	521	580	1634	1832	1841	2149
西部地区	内蒙古	351	411	460	449	584	561
	广西	425	437	562	627	916	2894
	重庆	788	881	946	1107	1111	1239
	四川	884	942	1128	1256	2891	2963
	贵州	181	237	313	453	487	836
	云南	327	330	374	544	671	1424
	西藏	20	23	30	26	27	29
	陕西	516	561	800	1188	1213	1833
	甘肃	77	75	202	236	256	259
	青海	74	75	77	79	78	78
	宁夏	90	87	304	185	265	270
	新疆	85	97	133	212	241	320
东北地区	辽宁	2066	2133	3159	3775	4028	4157
	吉林	352	356	389	490	643	708
	黑龙江	223	283	337	427	460	1686

资料来源：2016—2021 年《中国统计年鉴》。

表 4-7 显示了中国各地区吸收外商投资总额。很明显，东部地区吸收的外资最多，其次是中部地区和西部地区，最后是东北地区。在年均投资总额中，东部地区最多；西部地区的四川、广西和云南吸收外资最多；东北地区的辽宁最多。吸收外资较少的地区有西藏、新疆、青海和甘肃，年均投资总额不到 200 亿美元。在吸收外资速度上，也存在着较大的不平衡。江苏省 2015 年吸收外资 7822 亿美元，在东部地区居于第一位，2020 年吸收外资 13697 亿美元，居于第三位。海南省 2015 年吸收外资在东部地区居于末位，2020 年则居于第一位。

第二节　中国 OFDI 现状分析

本节对中国 OFDI 发展现状展开了研究，分别从中国 OFDI 发展历程、中国 OFDI 来源分布、中国 OFDI 投资方式、中国 OFDI 行业分布和中国 OFDI 区域分布上展开了详细分析。

一、中国 OFDI 发展历程分析

1978 年，中国确定了改革开放的基本国策，企业的自主权逐步扩大。1979 年，国务院颁布了 15 项改革措施，明确允许"出国办企业"。同年 11 月，北京市友谊商业服务公司与日本东京丸一商事株式会社合资在东京开办"京和股份有限公司"，这是中国改革开放以来第一次对外直接投资。在对外投资的不同时期，对外投资有不同的发展特征。根据对外投资的特征，将其划分为以下几个阶段。

第一阶段：探索阶段（1978—1984 年）。

国家提出的"出国办企业"的政策鼓励一些从事进出口业务的外贸公司和具有对外经贸合作经验的企业率先跨出国门，在国外投资设厂。随着一些鼓励和优惠政策的出台，越来越多的企业开始"走出去"。这一阶段的对外投资企业对国外的政策、法律制度、人文环境了解都不深，处于探索实践阶段，对外投资的企业数量并不多，规模也较小。对外投资企业一般是有进出口经营权的专业外贸公司，主要投资于东南亚和中国香港、中国澳门等地区。

第二阶段：初步发展阶段（1985—1991 年）。

随着中国改革开放的加快发展，一系列对外投资政策出台，在放松对外投资管制的同时，也加强了对外投资企业的保护，扩大了投资主体范围，简化了审批程序，中国 OFDI 的项目数和投资金额都大幅度上升。由表 4-8 可知，1991 年，中国对外投资的非贸易型企业共 1008 家，总投资额为 31.54 亿美元。该阶段是中国对外投资的初步发展阶段，投资主体除了外贸企业外，还有对外经济技术合作企业，投资流向也由东南亚和中国香港、中国澳门等地区扩展到一些发达国家。

第三阶段：平稳发展阶段（1992—2001 年）。

1992 年邓小平同志在视察南方期间发表的一系列重要谈话和社会主义市场经济体制的确立，使中国的对外开放更加深入。这一阶段强调要更好地利用国内和国外两个市场、两种资源，国家鼓励企业跨国经营，鼓励资源寻求型和市场寻求型的对外投资。该阶段对外投资有较大增长，中方投资额由 1992 年的 15.91 亿美元增加到 2001 年的 44.33 亿美元，大约增加了 1.79 倍。对外投资非贸易型企业由 1992 年的 1363 家增加到 2001 年的 3091 家，大约增加了 1.27 倍。

表 4-8　1979-2001 年中国批准对外投资企业情况一览表

年　份	总投资 / 亿美元	中方投资 / 亿美元	占比	企业数量 / 家
1979 年	0.012	0.005	41.67%	4
1980 年	0.692	0.317	45.81%	17
1981 年	0.76	0.32	42.11%	30
1982 年	0.82	0.37	45.12%	43
1983 年	1.01	0.46	45.54%	76

年 份	总投资 / 亿美元	中方投资 / 亿美元	占比	企业数量 / 家
1984 年	2.1	1.5	71.43%	113
1985 年	2.98	1.97	66.11%	189
1986 年	4.07	2.3	56.51%	277
1987 年	17.8	6.4	35.96%	385
1988 年	18.98	7.15	37.67%	526
1989 年	22.23	9.51	42.78%	645
1990 年	23.95	10.28	42.92%	801
1991 年	31.54	13.96	44.26%	1008
1992 年	35.05	15.91	45.39%	1363
1993 年	36.92	16.87	45.69%	1657
1994 年	38.17	17.58	46.06%	1763
1995 年	40.24	18.58	46.17%	1882
1996 年	45.18	21.52	47.63%	1985
1997 年	48.43	23.49	48.50%	2143
1998 年		25.84		2396
1999 年		31.75		2616
2000 年		37.25		2859
2001 年		44.33		3091

资料来源：1980-2002 年《中国对外经济贸易年鉴》。

第四阶段：高速增长阶段（2002—2008 年）。

随着经济全球化和一体化的发展，中国的对外投资进入了高速增长阶段。由表 4-9 可知，2002—2008 年，中国 OFDI 存量年均增长率为 36.37%，流量年均增长率为 71.72%。这一方面得益于中国对外投资政策的实施，如 2002 年中国政府提出要加快实施"走出去"战略，陆续放宽对境外投资的管制，不断完善对外投资服务体系，提高对外投资的便利化程度。另一方面，中国对外投资企业经过这么多年的发展，在海外已经建立了较为完善的平台和渠道，为企业"走出去"打好了海外基础。

第五阶段：调整发展阶段（2009 年至今）

2008 年的金融危机给中国对外投资造成了较大的冲击。表 4-9 中，2009 年中国对外投资流量年均增长率为 1.1%，与 2008 年的 110.9% 的年均增长率相比，下降了 100 多个百分点。后金融危机时代，中国对外投资虽然有所回升，但增长总体较为缓慢且较不稳定。2017—2019 年，中国对外投资流量还出现了负增长，中国对外投资遭遇了较大的外部冲击，中国对外投资企业应寻找合适的对外投资方向，改变投资策略，促进中国对外投资企业更好地发展。

表 4-9　2002-2019 年中国对外直接投资流量和存量统计表

年份	流　量		存　量	
	金额 / 亿美元	年均增长率	金额 / 亿美元	年均增长率
2002 年	27.0	—	299.0	—
2003 年	28.5	5.6%	332.0	11.0%
2004 年	55.0	93.0%	448.0	35.0%
2005 年	122.6	122.9%	572.0	27.7%
2006 年	211.6	72.6%	906.3	58.4%
2007 年	265.1	25.3%	1179.1	30.1%
2008 年	559.1	110.9%	1839.7	56.0%
2009 年	565.3	1.1%	2457.5	33.6%
2010 年	688.1	21.7%	3172.1	29.1%
2011 年	746.5	8.5%	4247.8	33.9%
2012 年	878.0	17.6%	5319.4	25.2%
2013 年	1078.4	22.8%	6604.8	24.2%
2014 年	1231.2	14.2%	8826.4	33.6%
2015 年	1456.7	18.3%	10978.6	24.4%
2016 年	1961.5	34.7%	13573.9	23.6%
2017 年	1582.9	−19.3%	18090.4	33.3%
2018 年	1430.4	−9.6%	19822.7	9.6%
2019 年	1369.1	−4.3%	21988.8	10.9%

资料来源：中华人民共和国商务部，国家统计局，国家外汇管理局 .2019 年度中国对外直接投资统计公报。

二、中国 OFDI 来源分布分析

随着中国改革开放的深入发展，各省（自治区、直辖市）的"走出去"步伐也在加快。由于各省（自治区、直辖市）经济发展和资源禀赋存在较大差异，其对外投资也有不同的特点。表 4-10 展示了中国各省（自治区、直辖市）对外直接投资存量。可以看出，2015—2019 年，各省（自治区、直辖市）的对外直接投资存量都有增加的趋势。

表 4-10 2015-2019 年中国各省（自治区、直辖市）对外直接投资存量统计表

单位：亿美元

地区	省（自治区、直辖市）	对外投资存量					年均存量
		2015 年	2016 年	2017 年	2018 年	2019 年	
东部地区	北京	387.98	543.81	648.43	699.5	736.88	603.32
	天津	109.41	262.25	235.38	246.49	279.28	226.562
	河北	57.24	86.27	111.04	112.86	118.14	97.11
	上海	583.61	840.54	1120.04	1180.69	1303.32	1005.64
	江苏	226.14	349.46	403.17	461.45	544.96	397.036
	浙江	223.64	326.82	983.94	573.63	659	553.406
	福建	82.02	111.33	126.65	175.66	190.09	137.15
	山东	273.05	411.93	477.87	549.13	624.03	467.202
	广东	686.54	1250.42	1897.13	2005.49	1783.8	1524.676
	海南	48.93	50.08	111.55	151.8	169.85	106.442
中部地区	山西	21.1	31.61	25.62	30.77	28.95	27.61
	安徽	62.66	58.18	90.49	112.36	127.15	90.168
	江西	25.95	35.69	40.89	42.01	61.21	41.15
	河南	39.94	86.92	97.75	134.38	154.48	102.694
	湖北	28.6	41.82	56.25	64.54	70.12	52.266
	湖南	81.04	101.74	104.46	108.78	119.31	103.066

续表

地区	省（自治区、直辖市）	对外投资存量					年均存量
		2015 年	2016 年	2017 年	2018 年	2019 年	
西部地区	内蒙古	31.31	49.63	54.05	63.95	64.84	52.756
	广西	18.45	34.32	37.65	49.46	52.6	38.496
	重庆	39.08	63.65	104.66	120.28	104.24	86.382
	四川	46.59	58.47	76.09	90.93	116.65	77.746
	贵州	4.28	4.8	4.98	6.11	9.32	5.898
	云南	60.26	68.15	75.57	83.56	75.3	72.568
	西藏	3.14	0.79	5.99	11.09	11.47	6.496
	陕西	28.55	36.11	42.2	49.14	55.25	42.25
	甘肃	32.11	40.77	47.18	58.23	61.08	47.874
	青海	2.22	2.7	5.98	6.07	6.47	4.688
	宁夏	16	24.74	21.06	25.86	43.91	26.314
	新疆	30.97	43.9	55.29	58.71	67.89	51.352
东北地区	辽宁	113.19	132.18	132.5	129.59	139.94	129.48
	吉林	31.34	33.87	39.87	38.92	32.31	35.262
	黑龙江	42.13	57.4	40.7	45.95	43.48	45.932

资料来源：2020 年《中国对外直接投资统计公报》。

2015—2019 年，对外直接投资年均存量最高的五个省（直辖市）是广东、上海、北京、浙江和山东，最低的五个省（自治区）是山西、宁夏、西藏、贵州和青海。东部地区中，最高的三个省（直辖市）是广东、上海和北京，最低的三个省是福建、海南和河北。中部地区中，最高的三个省是湖南、河南和安徽，最低的三个省是江西、湖北和山西。西部地区中，最高的三个省（直辖市）是重庆、四川和云南，最低的三个省（自治区）是西藏、贵州和青海。对比东、中、西、东北部四个地区可以发现，2015—2019 年，东部地区总的对外直接投资存量是 25592.72 亿美元，是中部地区的 12.28 倍，西部地区的 9.98 倍，东北部地区的 24.30 倍。由此可见，中国对外直接投资来源地存在较大的不平衡性，东部地区投资力度最强，中西部地区投资力度较弱。因此，应挖掘中西部地区对外投资潜力，鼓励中西部地区更多企业"走出去"。

三、中国OFDI投资方式分析

截至2019年年末，中国对外投资企业达到27493家。根据国家市场监督管理总局的企业登记注册情况，中国对外投资企业可以划分为有限责任公司、私营企业、股份有限公司、外商投资企业、国有企业、中国港/澳/台商投资企业、个体经营、股份合作企业、集体企业、联营企业和其他11种类型。因为中国对外直接投资统计公报在2018年后才加入了联营企业这种类型，为保证统计分析的一致性，在表格4-11中把它归为其他类型。由表4-11可知，有限责任公司企业的数量最多，其次是私营企业，第三是国有企业，集体企业、股份合作企业、个体经营企业的数量较少。11种类型的企业对外直接投资有不同的发展态势。私营企业、股份有限公司、外商投资企业、国有企业、港澳台商投资企业、个体经营、集体和其他类型的企业数都呈增加趋势，而有限责任公司的企业数却在下降。

占比最大的企业是有限责任公司，年均比重为46.78%；第二是私营企业，为22.58%；第三是股份有限公司，为10.38%。占比最小的企业是集体企业，年均比重为0.42%；倒数第二的是股份合作企业，为1.80%；倒数第三的是其他企业，为2.86%。有限责任公司占比呈下降趋势，由2015年的67.4%下降到2019年的38.4%。股份合作企业占比也呈下降趋势，而私营企业、股份有限公司、外商投资企业、中国港澳台商投资企业、集体企业和其他企业的占比则呈上升趋势。国有企业和个体经营企业的占比相对比较稳定，没有明显的上升和下降趋势。

表4-11 2015—2019年不同登记注册类型的对外投资企业数量和比重

登记注册类型		2015年	2016年	2017年	2018年	2019年
有限责任公司	数量/家	13612	10536	10577	11787	10554
	比重	67.4%	43.2%	41.4%	43.5%	38.4%
私营企业	数量/家	1879	6386	6570	6583	7532
	比重	9.3%	26.2%	25.7%	24.3%	27.4%
股份有限公司	数量/家	1559	2474	2790	3013	3316
	比重	7.7%	10.1%	10.9%	11.1%	12.1%

续表

登记注册类型		2015 年	2016 年	2017 年	2018 年	2019 年
外商投资企业	数量 / 家	562	1175	1280	1347	1465
	比重	2.8%	4.8%	5.0%	5.0%	5.3%
国有企业	数量 / 家	1165	1268	1422	1335	1373
	比重	5.8%	5.2%	5.6%	4.9%	5.0%
中国港 / 澳 / 台商投资企业	数量 / 家	385	776	854	999	1044
	比重	1.9%	3.2%	3.4%	3.7%	3.8%
个体经营	数量 / 家	186	593	646	654	659
	比重	0.9%	2.4%	2.5%	2.4%	2.4%
股份合作企业	数量 / 家	458	498	465	429	365
	比重	2.3%	2.0%	1.8%	1.6%	1.3%
集体企业	数量 / 家	88	113	94	96	100
	比重	0.4%	0.5%	0.4%	0.4%	0.4%
其他	数量 / 家	312	583	831	848	1085
	比重	1.5%	2.4%	3.3%	3.1%	4.0%

资料来源：2015—2019 年《中国对外直接投资统计公报》。

四、中国 OFDI 行业分布分析

中国 OFDI 行业包括农、林、牧、渔业，采矿业，制造业，电力、热力、燃气及水生产和供应业，建筑业，批发和零售业，交通运输、仓储和邮政业，住宿和餐饮业等 19 个行业，其中公共管理、社会保障和社会组织行业因为统计数据不全，并没有列到表 4-12 中。这 19 个行业涵盖了国民经济发展的三次产业，如第一产业中的农、林、牧、渔业在 2015 年的对外投资流量为 25.7208 亿美元，在 2020 年下降到 10.7864 亿美元。第二产业中的制造业在 2015 年的对外投资流量为 199.8629 亿美元，在 2020 年上升到 258.3821 亿美元。

表 4-12 2015—2020 年中国对外投资流量行业分布

单位：亿美元

行业	2015 年	2016 年	2017 年	2018 年	2019 年	2020 年
农、林、牧、渔业	257208	328715	250769	256258	243920	107864
采矿业	1125261	193020	−370152	462794	512823	613126
制造业	1998629	2904872	2950737	1910768	2024181	2583821
电力、热力、燃气及水生产和供应业	213507	353599	234401	470246	386872	577031
建筑业	373501	439248	652772	361848	377984	809455
批发和零售业	1921785	2089417	2631102	1223791	1947108	2299764
交通运输、仓储和邮政业	272682	167881	546792	516057	387962	623320
住宿和餐饮业	72319	162549	−18509	135396	60398	11841
信息传输、软件和信息技术服务业	682037	1866022	443024	563187	547794	918718
金融业	2424553	1491809	1878544	2171720	1994929	1966318
房地产业	778656	1524674	679506	306600	341839	518603
租赁和商务服务业	3625788	6578157	5427321	5077813	4187508	3872562
科学研究和技术服务业	334540	423806	239065	380199	343163	373465
水利、环境和公共设施管理业	136773	84705	21892	17863	26988	15671
居民服务、修理和其他服务业	159948	542429	186526	222822	167338	216078
教育	6229	28452	13372	57302	64880	13004
卫生和社会工作	8387	48719	35267	52480	22717	63767
文化、体育和娱乐业	174751	386869	26401	116586	52352	−213383

资料来源：2016 — 2021 年《中国统计年鉴》。

表 4-13 显示了 2015—2020 年中国对外投资存量的行业分布。租赁和商务服务业占比最大，年均比重为 34.32%；其次是批发和零售业，年均比重为 12.44%，第三是金融业，年均比重为 11.97%。这三个行业都属于第三产业。总体来看，第三产业在中国 OFDI 中占比最大，年均比重为77.28%；第二产业排名第二，占比为 21.77%；第一产业占比最少，为 0.94%。因此，中国 OFDI 主要是服务业的 OFDI，在对外投资过程中，对东道国的环境污染不会有正面的影响。每个行业的对外投资在整个行业中的比重不是一成不变的。例如，采矿业的比重由 2015 年的 12.97% 下降到 2020年的 6.82%，而信息传输、软件和信息技术服务业则由 2015 年的 1.91%上升到 2020 年的 11.54%。

表 4-13 2015-2020 年中国对外投资存量行业分布 单位：%

行业	对外投资存量占比					
	2015 年	2016 年	2017 年	2018 年	2019 年	2020 年
农、林、牧、渔业	1.05	1.10	0.92	0.95	0.89	0.75
采矿业	12.97	11.23	8.72	8.75	7.98	6.82
制造业	7.15	7.96	7.76	9.20	9.10	10.77
电力、热力、燃气及水生产和供应业	1.43	1.68	1.38	1.70	1.50	1.64
建筑业	2.47	2.39	2.08	2.10	1.92	1.97
批发和零售业	11.11	12.46	12.52	11.74	13.44	13.38
交通运输、仓储和邮政业	3.63	3.05	3.03	3.35	3.48	3.13
住宿和餐饮业	0.20	0.31	0.19	0.22	0.22	0.19
信息传输、软件和信息技术服务业	1.91	4.77	12.10	9.77	9.20	11.54
金融业	14.54	13.06	11.21	10.99	11.58	10.46
房地产业	3.05	3.40	2.97	2.89	3.53	3.15

续表

行业	对外投资存量占比					
	2015 年	2016 年	2017 年	2018 年	2019 年	2020 年
租赁和商务服务业	37.31	34.92	34.04	34.08	33.38	32.23
科学研究和技术服务业	1.31	1.45	1.20	2.23	2.09	2.35
水利、环境和公共设施管理业	0.23	0.26	0.13	0.16	0.15	0.14
居民服务、修理和其他服务业	1.30	1.25	1.05	0.84	0.62	0.52
教育	0.03	0.05	0.18	0.24	0.20	0.31
卫生和社会工作	0.02	0.07	0.08	0.15	0.14	0.15
文化、体育和娱乐业	0.30	0.58	0.45	0.64	0.57	0.49

资料来源：2016—2021 年《中国统计年鉴》。

五、中国 OFDI 区域分布分析

中国对外投资迅猛发展，投资流向也比较广泛，在全球六大洲都有投资。表 4-14 显示了中国对外投资流量和存量在各洲的比重。可以发现，中国对亚洲投资的流量占比较大，2015—2019 年年均比重为 73.02%；其次是拉丁美洲，比重为 9.53%；第三是欧洲，比重为 7.09%。对大洋洲和非洲国家的投资较少，年均比重都在 2% 左右。中国对亚洲投资的存量占比最大，年均比重达到了 65.76%；其次是拉丁美洲，比重为 18.82%；第三是欧洲，比重为 5.97%；占比最小的三个洲分别是大洋洲、非洲和北美洲。

对外投资流量中，亚洲、非洲占比较为稳定，分别为 66% ~ 81% 和 1.2% ~ 3.8%。欧洲和拉丁美洲占比有增加的趋势，欧洲由 2015 年的 4.89% 增加到 2020 年的 8.26%，拉丁美洲由 2015 年的 8.66% 增加到 2020 年的 10.84%。北美洲和大洋洲有下降的趋势，北美洲由 2015 年的 7.36% 下降到 2020 年的 4.13%，大洋洲由 2015 年的 2.66% 下降到 2020 年的 0.94%。

对外投资存量中，亚洲、非洲、欧洲和大洋洲占比有下降的趋势，而拉丁美洲占比却有上升的趋势。

表 4-14　2015—2020 年中国对外投资地区比重统计表

投资类型	地区	2015 年	2016 年	2017 年	2018 年	2019 年	2020 年
对外投资流量 /%	亚洲	74.40	66.41	69.52	73.76	80.96	73.09
	非洲	2.04	1.22	2.59	3.77	1.98	2.75
	欧洲	4.89	5.45	11.66	4.61	7.68	8.26
	拉丁美洲	8.66	13.88	8.89	10.21	4.67	10.84
	北美洲	7.36	10.38	4.11	6.10	3.19	4.13
	大洋洲	2.66	2.66	3.23	1.55	1.52	0.94
对外投资存量 /%	亚洲	70.04	67.00	62.98	64.38	66.41	63.74
	非洲	3.16	2.94	2.39	2.33	2.02	1.68
	欧洲	7.62	6.42	6.13	5.69	5.20	4.74
	拉丁美洲	11.51	15.26	21.39	20.52	19.83	24.41
	北美洲	4.75	5.56	4.80	4.86	4.56	3.88
	大洋洲	2.92	2.82	2.31	2.23	1.98	1.55

资料来源：2016—2021 年《中国统计年鉴》。

表 4-15 列出了中国前十大对外投资国家或地区。可以看出，2015—2020 年，中国香港一直居于中国对外投资地区的首位。2015 年居于第二位的是美国，2016 年后居于第二位的一直是墨西哥，美国退居第三位。2016 年后，中国前五大对外投资国（地区）比较稳定，都是中国香港、墨西哥、美国、韩国和澳大利亚。第六位到第十位排名不太稳定，英国在2016—2019 年居于第六位，2020 年下降到第七位。俄罗斯在 2016—2018 年居于第七位，2019—2020 年则居于第十位。

表 4-15 2015-2020 年中国前十大对外投资国家（地区）

排名	年份					
	2015 年	2016 年	2017 年	2018 年	2019 年	2020 年
1	中国香港	中国香港	中国香港	中国香港	中国香港	中国香港
2	美国	墨西哥	墨西哥	墨西哥	墨西哥	墨西哥
3	新加坡	美国	美国	美国	美国	美国
4	澳大利亚	韩国	韩国	韩国	韩国	韩国
5	英国	澳大利亚	澳大利亚	澳大利亚	澳大利亚	澳大利亚
6	俄罗斯	英国	英国	英国	英国	日本
7	加拿大	俄罗斯	俄罗斯	俄罗斯	日本	英国
8	印度尼西亚	加拿大	德国	德国	德国	德国
9	德国	日本	加拿大	日本	加拿大	加拿大
10	中国澳门	德国	日本	加拿大	俄罗斯	俄罗斯

资料来源：2016—2021 年《中国统计年鉴》。

第五章 中国IFDI的环境效应的实证研究

在对IFDI和环境理论分析的基础上，本章对中国IFDI的环境效应展开实证研究，主要研究内容包括IFDI对中国城市空气污染的影响和IFDI、技术创新和碳排放效率。

第一节 IFDI对中国城市空气污染的影响研究

本节以郑州市为例，对IFDI影响中国城市空气污染展开研究。首先分析了中国城市空气污染的特征，其次采用多种定性和定量分析方法研究了IFDI与各种空气污染物之间的关系，最后提出了有针对性的政策建议。

一、引言

气溶胶是悬浮在大气中的细固体颗粒或液滴的胶体，通过各种机制影响气候、天气和空气质量。气溶胶通过气溶胶—辐射相互作用或气溶胶—

云相互作用来影响气候。气溶胶和气象变量之间的强烈相互作用发生在行星边界层中。行星边界层包含许多与气溶胶污染积累密切相关的化学、物理和动力学过程，对气候和环境产生负面影响，并对人类健康构成威胁。例如，许多人可能对花粉过敏，导致季节性鼻炎或皮肤病，这是因为接触了空气过敏源。这些空气过敏源可能来自当地的花粉传播，也可能来自其他地区的花粉的远距离传输。

造成空气污染的主要因素有自然因素和人为因素。自然因素主要包括植物花粉、土壤粉尘、森林火灾、火山爆发等；人为因素主要包括燃烧燃料、工业排放和车辆排放等。例如，沙尘暴是一种自然现象，在松散沙地地区普遍存在，尤其是在中东、美国西南部、中国北部和撒哈拉沙漠地区。沙尘暴不仅会导致环境和人类健康问题，还会降低能见度，限制各种活动，增加交通事故。在有关人为因素影响环境污染的研究中，Bari 和 Kindzierski（2017）调查了加拿大阿尔伯塔省欣顿社区的空气质量和影响 PM$_{2.5}$ 浓度的潜在来源，发现欣顿纸浆和木制品等当地工业排放会受到西南方向空气污染的影响。航运排放被视为与颗粒物相关的重要因素，海上活动和航运排放可能会影响距离城市 1000 千米以上的城市地区的空气质量。户外烧烤可能会对城市的空气质量产生影响，混合硬木和农业废物燃烧产生的大气气溶胶会影响另一个地区的环境状况。随着我国工业化和城市化的不断发展，气溶胶污染引起的环境恶化日益严重，严重危害人类健康和生态环境。以牺牲环境为代价取得的巨大经济进步无疑增加了环境压力，损害了人们的身心健康，并在可持续发展方面付出了巨大代价。

IFDI 是造成空气污染的人为因素之一。改革开放以来，中国各城市为了吸引外商直接投资，促进当地经济发展，出台了大量的"重经济，轻环境"的招商引资政策，导致外资在中国的发展如火如荼。各城市的招商引资政策没有把经济发展和保护环境放在同等地位，使得地方经济的发展建立在牺牲环境的基础之上。随着城市化进程的加快，工业发展越来越迅速，大气污染排放也越来越严重。在此过程中，许多不可再生资源被大肆开采，造成了对环境非常严重的破坏。大气污染物排放的加剧，使得对自然的破坏越来越严重，影响到地方的自然生态环境和人类的身体健康。新时代背景下，在坚持开放的同时如何加强生态保护，如何引导外资在中国各城市健康协调发展，创造外资和地方经济的良性互动对城市经济发展尤为重要。因此，对 IFDI 影响中国城市空气污染展开研究，厘清 IFDI 对中国城市空气污染的实际影响，对于各城市节能减排以及因地制宜地制定 IFDI 和能源政策、创造人与自然和谐共生的环境、实现资源节约与环境友好发展具有重要的现实意义。

二、研究方法

本节介绍了本部分研究所使用的方法，主要方法有 HYSPLIT（Hybrid Single-Particle integrated trajectory，即混合单粒子轨道）模型、聚类分析方法、PSCF（potential source contribution function，即潜在源贡献分析）模型、CWT（concentration weighted trajectory，即浓度加权轨迹）模型、多重分形分析方法和灰色关联度方法。采用这些方法进行实证分析，对本部分研究结论有重要的意义。

（一）HYSPLIT 模型与聚类分析

为了确定空气污染物的轨迹，本节使用了美国国家海洋和大气管理局（National Oceanic and Atmospheric Administration，NOAA）开发的 HYSPLIT 模型。HYSPLIT 模型使用气团或粒子方法来计算轨迹、扩散和沉积。它将污染物气团与气团、颗粒的释放或两者组合的释放关联起来，以计算空气污染物浓度。它计算每个网格单元平流和扩散的空气污染浓度，粒子的平流和扩散从其初始位置计算。本小节从美国国家海洋和大气管理局国家环境预测中心（National Centers for Environmental Prediction，NCEP）的全球数据同化系统（global data assimilation system，GDAS）收集数据，用以计算 500 米高度气团的 72 小时的后向轨迹。气团后向轨迹的聚类方法可用于识别气团传输的主要路径。时间序列聚类有三种方法，即基于原始数据、基于特征数据和基于模型数据。轨迹聚类是一个时间序列聚类问题。本小节采用基于原始数据的方法测算空气污染物轨迹聚类，采用基于欧几里得距离的 K 均值聚类分析将空气污染物轨迹分为五类。

（二）PSCF 模型和 CWT 模型

为了确定污染的潜在来源地区，本小节使用了潜在源贡献分析 PSCF 模型和基于 HYSPLIT 模型的 CWT 模型。PSCF 是一个条件概率函数，它可以计算出网格单元中高于给定标准值的轨迹端点数量与总端点数量的比率，由此可以得出网格单元中的 PSCF 值，公式如下

$$PSCF=m_{ij}/n_{ij} \tag{5-1}$$

其中，m_{ij} 是大于网格单元 (i,j) 中给定标准值的轨迹端点数；n_{ij} 是位于网格单元 (i,j) 内的轨迹端点总数。

接下来使用加权函数 $W(n_{ij})$ 乘以 PSCF 值以更好地反映这些单元格中各值的不确定性。$W(n_{ij})$ 的计算公式为

$$W(n_{ij})=\begin{cases} 1.00\left(n_{ij}>4N\right) \\ 0.70\left(N<n_{ij}\leqslant 4N\right) \\ 0.42(0.5N<n_{ij}\leqslant N) \\ 0.05(n_{ij}\leqslant 0.5N) \end{cases} \tag{5-2}$$

其中，N 是至少包含一条轨迹的所有网格单元的平均轨迹点数量；n_{ij} 是每个网格单元中轨迹端点的总数量。

PSCF 方法被广泛应用于确定潜在的空气污染源。这一方法存在的问题是观测点的污染浓度略高于标准值或高于标准值很多时，两个网格单元可能具有相同的 PSCF 值。因此，PSCF 方法难以从众污染来源中区分出强污染来源。CWT 方法可以克服 PSCF 方法的局限性，因为它可以通过计算轨迹加权浓度来反映不同潜在源的影响程度。网格单元 (i,j) 中的平均加权浓度计算如下

$$C_{ij}=\frac{1}{\sum_{l=1}^{M}T_{ijl}}\sum_{l=1}^{M}C_{l}T_{ijl} \tag{5-3}$$

其中，C_{ij} 是平均加权浓度；l 是轨迹的指数；M 是轨迹的总数；T_{ijl} 是轨迹 l 在网格单元 (i,j) 中花费的时间。

（三）多重分形分析方法

经济物理学是基于物理学、数学、经济学和金融等学科而发展起来的一种交叉学科。其中，去趋势波动分析（detrended fluctuation analysis，DFA）方法可以表征分形标度特性和检测噪声、非平稳时间序列中的长期相关性，已被广泛应用于研究领域。Kantelhardt 等（2002）拓展了 DFA 方法，提出了多重去趋势波动分析方法（multifractal detrended fluctuation analysis，MF – DFA）用于研究非平稳时间序列中的多重分形问题，具体公式如下：

第一，假设有一个时间序列 X_i，$i=1,2,\cdots,N,N$ 是该时间序列的长度。计算该时间序列的离差序列

$$y_i = \sum_{k=1}^{i}\left(x_k - \overline{x}\right)(i=1,2,\cdots,N) \tag{5-4}$$

其中，$\overline{x}$ 是均值。

第二，将序列 y_i 划分成 N_s=int(N/s) 个非重叠的长度均为 S 的区间。由于长度 N 有可能不被 y_i 整除，时间序列 y_i 可能会有一小部分剩余。为了不丢失数据，将从时间序列的另一端开始重复这一分割过程，最终将得到 $2N_s$ 个等长区间。

第三，通过最小二乘法拟合估计 $2N_s$ 个等长区间的局部趋势，以区间 $v(v=1,2,\cdots,N_s)$ 为例，进行 k 阶多项式拟合

$$y_v\left(i\right) = a_1 i^k + a_2 i^{k-1} + \cdots + a_{k+1}(k=1,2,\cdots) \tag{5-5}$$

然后计算方差，当区间 $v=1,2,\cdots,N_s$ 时，

$$F^2\left(s,v\right) = \frac{1}{s}\sum_{i=1}^{s}\left\{y[(v-1)s+i] - y_v\left(i\right)\right\} \tag{5-6}$$

当区间 $v=N_s+1, N_s+2,\cdots,2N_s$ 时，

$$F^2\left(s,v\right) = \frac{1}{s}\sum_{i=1}^{s}\left\{y[N-(v-N_s)s+i] - y_v\left(i\right)\right\} \tag{5-7}$$

第四，对所有区间进行平均，得到 q 阶波动函数，当 $q \neq 0$ 时，

$$F(q,s) \equiv \left\{ \frac{1}{2N_s} \sum_{v=1}^{2N_s} [F^2(s,v)^{q/2} \right\}^{1/q} \tag{5-8}$$

当 $q=0$ 时，

$$F(0,s) \equiv \left\{ \frac{1}{4N_s} \sum_{v=1}^{2N_s} \ln[F^2(s,v)] \right\} \tag{5-9}$$

第五，通过观察函数 $F(q, s)$ 对应 s 的对数—对数图，分析波动函数的标度行为。如果时间序列是长程幂律相关的，则 s 增加，函数 $F(q, s)$ 也会增加。$F(q, s)$ 和 s 之间存在以下幂律关系：

$$F(q,s) \sim s^{h(q)} \tag{5-10}$$

其中，$h(q)$ 是 MF-DFA 的广义标度指数，通过计算对数—对数图的斜率获得。当对所有 q 值来说，$h(q)$ 值保持不变，则认为时间序列是单分形的。当 q 值发生变化，$h(q)$ 值也相应发生变化时，则认为时间序列是多重分形的。具体来说，当 $h(q) > 0.5$ 时，与 q 有关的波动是持续的，增加（减少）之后总是会出现另一个增加（减少）。当 $h(q) < 0.5$ 时，与 q 有关的波动是非持续的，增加（减少）之后总是会出现另一个减少（增加）。当 $h(q)=0.5$ 时，与 q 有关的波动呈现随机游走的特征。

第六，通过 $h(q)$ 和 Renyi 指数 $\tau(q)$ 计算多重分形奇异谱，其中，$\tau(q)=qh(q)-1$。经过 Legendre 变换，可得多重分形谱 $f(\alpha)$，$f(\alpha)=q[\alpha-h(q)]+1$。其中，$\alpha$ 是 Holder 指数，$\alpha=h(q)+qh(q)$。多重分形谱的宽度，$\Delta\alpha=\alpha_{max}-\alpha_{min}$ 可以用来估计多重分形的强度，$\Delta\alpha$ 值越大，时间序列的多重分形特征越明显；$\Delta\alpha$ 值越小，时间序列的多重分形特征越微弱。

（四）灰色关联度方法

灰色关联度方法是一种多因素统计分析方法，常用来确定多种影响因素对特定因素的关联程度或影响程度。它基于样本数据，用灰色关联度来描述各影响因素与特定因素关系的强弱、大小和次序。关联度越大，表示某一影响因素与特定因素的相关性越高；关联度越小，表示某一影响因素与特定因素的相关性越低。该方法被广泛用于经济学、环境、农业等领域，具体方法如下。

首先确定特定因素为参考序列 $X_0(k)$，影响因素为比较序列 $X_i(k)$，定义比较序列为

$$X_i(k) = [X_i(1), X_i(2), \cdots, X_i(n)], (i = 1, 2, \cdots, m; k = 1, 2, \cdots, n) \qquad (5-11)$$

由于序列数据的类型各有不同，计量单位也各有差异，为了使各序列数据间具有可比性，需要进行无量纲化处理，采用极差标准化方法对式（5-11）进行无量纲化处理后，参考数列和比较序列分别为 $X_0^{'}(k)$ 和 $X_i^{'}(k)$。

求序列绝对差值：

$$\begin{aligned} &\min_i \min_k |X_0^{'}(k) - X_i^{'}(k)| \\ &\max_i \max_k |X_0^{'}(k) - X_i^{'}(k)| \\ &(i = 1, 2, \cdots, m; k = 1, 2, \cdots, n) \end{aligned} \qquad (5-12)$$

其中，$\min_i \min_k |X_0^{'}(k) - X_i^{'}(k)|$ 表示比较序列与参考序列的最小绝对差值；$\max_i \max_k |X_0^{'}(k) - X_i^{'}(k)|$ 表示比较序列与参考序列的最大绝对差值。

计算灰色关联度，公式如下

$$\gamma_{0i} = \frac{1}{n} \sum_{k=1}^{n} \gamma_{0i}(k) \qquad (5-13)$$

三、中国城市空气污染特征分析

基于上述方法，本部分研究了中国城市空气污染的特征。在时间上，一个城市的污染会受到自身既往污染的影响。在空间上，城市既是城市群中的个体，又处于城市群中。因此，一个城市的污染既会受自身因素的影响，又会受其他城市的影响。

（一）中国城市空气污染具有长程相关性

本部分研究使用了 2019 年 12 月 1 日至 2020 年 2 月 29 日的郑州市每日空气质量指数（air quality index，AQI）数据。首先使用 MF-DFA 方法探讨郑州市空气质量时间序列是否存在多重分形特征，结果如图 5-1 所示。

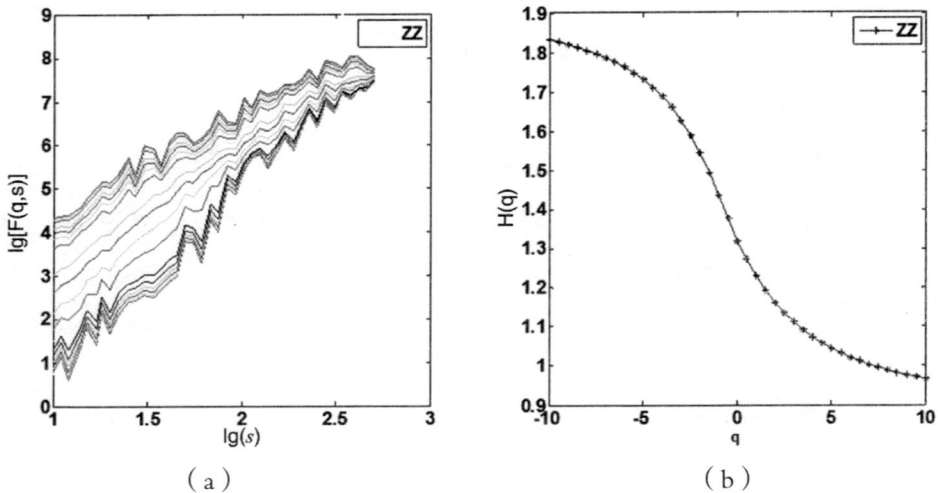

（a）　　　　　　　　　　　（b）

图 5-1　$F(q,s)$ 对应 s 的对数 – 对数图和广义标度指数 $h(q)$

　　时间尺度 s 范围从 10 个到 $N/4$，其中 N 是 AQI 时间序列的长度。当多项式阶数 $m=1$ 时，$F(q,s)$ 对应 s 的对数 – 对数图显示在图 5-1（a）。很明显，几乎每一条直线都能很好地拟合波动函数曲线，这意味着 $F(q,s)$ 和 q 之间存在幂律函数关系。因此，AQI 时间序列具有多重分形的特征。通过计算函数 $\lg[F(q,s)]$ 对时间刻度 $\lg(s)$ 的斜率，可以求出广义标度指数 $h(q)$，结果显示于图 5-1（b）。图 5-1（b）画出了当 q 从 –10 到 10 变化时的 $h(q)$ 值。$h(q)$ 值随着 q 值的增加而减少，证实了 AQI 时间序列存在多重分形的特征。$h(q)$ 值都大于 0.5，说明 AQI 时间序列具有长程相关性，即过去的空气污染会对今天的环境污染造成影响，郑州市的环境污染会受自身因素的影响。

　　奇异谱 $f(\alpha)$ 和 Renyi 指数 $\tau(q)$ 显示在图 5-2 中。可以看出 $\tau(q)$ 曲线是凸的，而不是一条直线，这种非线性特征证明了郑州 AQI 时间序列多重分形的存在。多重分形谱的宽度显著非零，也从另一个侧面说明了郑州 AQI 时间序列本质上是多重分形的。

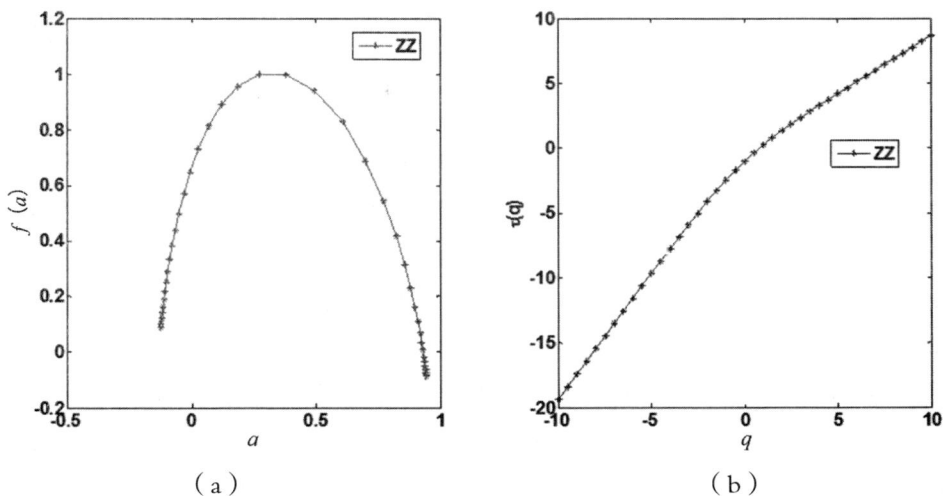

（a）　　　　　　　　　　　　（b）

图 5-2　郑州空气质量多重分形谱 $f(\alpha)$ 和 Renyi 指数 $\tau(q)$

（二）中国城市空气污染会受其他地区的影响

郑州位于中国中原腹地中心，由于人口增长和经济快速发展，其空气污染程度高。本小节使用 HYSPLIT 模型计算了 2019 年 12 月、2020 年 1 月和 2020 年 2 月在河南省郑州市 500 米高度的 72 小时后向轨迹。接下来采用基于欧几里得距离的 K 均值聚类分析，根据轨迹的来源和长度，将后向轨迹气团分为 5 组：组 1、组 2、组 3、组 4 和组 5。

2019 年 12 月，这些轨迹簇来自 4 个不同的方向。组 1 占 22.31%，主要来自鲁中地区。组 2（19.76%）是短距离传输模式，主要来自河南省中部。组 3（12.63%）来自山西北部，途经河北南部到达郑州。第 4 组轨迹（28.23%）是典型的长轨迹，起源于内蒙古中西部地区，穿过宁夏北部、陕西北部和山西南部到达郑州市。组 3 和组 4 轨迹簇占气团轨迹簇的 40.86%，表明气团主要来自西北方向。第 5 组（17.07%）来自陕西中部地区，穿越山西南部到达郑州市。2020 年 1 月，五组气团来自三个方向。组 1 起源于陕北，途经山西中西部到达郑州，占总气团的 8.33%。组 2（16.13%）主要来自河北省中南部地区，穿越河南北部到达郑州市。组 3（4.44%）具有最长的轨迹，起源于内蒙古中西部，经宁夏北部、陕西北部和山西南部到达郑州市。组 4（47.58%）是主要污染源，来自豫北地区。组 5（23.52%）主要来自豫西北地区。组 3 和组 4 都来自河南，表明空气污染主要来自当地。2020 年 2 月，五组气团来自 4 个方向。组 1（17.67%）主要来自环渤海地区和山东东部，途经河南东部到达郑州市。组 2（12.64%）来自内蒙古中部地区，途经陕北、陕南后到达郑州市。组 3（8.33%）主要来自冀西南地区。组 4（17.82%）来自陕北，在到达郑州市之前经过陕南。组 5 是主要污染源，占气团总量的43.53%，主要来自河南西南部。

采用 PSCF 模型和 CWT 模型进行后向轨迹分析以识别潜在的污染来源区。PSCF 值最高的地区是河南中西部、河北南部和山东东部。可能的解释是，这些地区是内陆地区，由于热稳定性和缓慢的空气运动，来自其他地区的空气污染物会在这些地区停留并集聚，尤其在冬季。另外，中国是以煤炭为主要能源的国家之一，煤炭在经济社会发展中发挥着重要作用。冬季取暖导致煤炭燃烧增强，增加了取暖期间空气污染物的排放。因此，燃煤的人为排放对污染物浓度有重大影响。进一步使用 CWT 模型来揭示潜在的污染源区，结果仍然表明河南中西部、河北南部和山东东部是主要的潜在污染源区。

四、IFDI 对中国城市空气污染的影响研究

本部分对 IFDI 影响中国城市空气污染展开实证研究。首先分析郑州市外商直接投资不同发展阶段的特征，其次从总样本上对 IFDI 影响中国城市空气污染展开研究，最后从分样本上对 IFDI 影响中国城市空气污染展开研究。

（一）郑州市外商直接投资发展阶段分析

外商直接投资一直是河南省引进外资，践行对外开放战略的重要措施。作为中部经济发展大省，河南省 2020 年全省生产总值达 54997.07 亿元，增速为 1.3%，稳居全国 31 个省（自治区、直辖市）（不含港澳台地区）第五名。河南省吸引外商投资实现稳步增长，根据 2021 年河南统计年鉴，2020 年吸引外商直接投资 27.28 亿美元，较 1985 年的 0.69 亿美元增长了

38.54 倍。河南省地处中原腹地，其对外开放具有得天独厚的区域优势，郑州市作为河南省的省会，位置处于京广线和陇海线的交叉口，对外开放更具有独特的区位优势，吸引了大批外商投资。

郑州市利用外商直接投资主要分为四个阶段。

起步阶段（1984—1992 年）。此阶段是中国内陆城市改革开放的初始阶段，中原地区的改革开放晚于长三角和珠三角地区，此时刚刚萌芽。这一时期郑州市的外商直接投资较低，表 5-1 中可以看出，1984 年实际利用外商直接投资额是 36 万美元，1992 年为 2081 万美元。除却 1987 年，年均外资额为 858.5 万美元，最大值是 1991 年的 2131 万美元，最小值是 1984 年的 36 万美元。

快速发展阶段（1993—1997 年）。此阶段是中原地区对外开放的上升期，这一时期郑州市吸引外商直接投资增速较快，1993 年实际利用外资金额为 9068 万美元，1997 年实际利用外资金额为 21900 万美元，增长近 1.42 倍，年均实际利用外资金额达到 15153.6 万美元。

缓慢发展阶段（1998—2002 年）。此阶段郑州市实际利用外资金额呈下降趋势，原因可能是亚洲金融危机的影响造成了外国投资者信心不足，减少了对中原地区的投资。表 5-1 中，1998 年，郑州市实际利用外资金额为 23803 万美元，1999 年就下降为 20111 万美元，降低了约 15.5%，随后继续下降，到 2002 年，才反弹到 9156 万美元。

稳步上升阶段（2003 年至今）。此阶段得益于稳定的经济环境和较好的外商投资政策，郑州市外商直接投资进入稳步上升阶段，实际利用外资呈上升趋势。2003—2021 年，除了 2013 年有些微下降外，实际利用外资逐年增加，年均增长率达到 20.99%。

表 5-1　1984—2021 年郑州市利用外商投资额统计表

单位：万美元

年份	实际利用外商直接投资	年份	实际利用外商直接投资
1984 年	36	2003 年	15742
1985 年	172	2004 年	24202
1986 年	185	2005 年	33549
1987 年	–	2006 年	61396
1988 年	645	2007 年	100112
1989 年	850	2008 年	140078
1990 年	768	2009 年	162400
1991 年	2131	2010 年	190015
1992 年	2081	2011 年	310000
1993 年	9068	2012 年	342898
1994 年	11330	2013 年	332178
1995 年	15020	2014 年	363002
1996 年	18450	2015 年	382661
1997 年	21900	2016 年	403305
1998 年	23803	2017 年	404969
1999 年	20111	2018 年	421080
2000 年	9211	2019 年	440542
2001 年	7140	2020 年	465851
2002 年	9156	2021 年	486330

数据来源：河南统计年鉴。

（二）总样本上 IFDI 影响郑州市空气污染的研究

郑州市空气污染较为严重，有较多的污染源。一是经济发展带来的污染排放。随着经济的发展和城市化进程的加快，企业进行大量生产，增加了污染排放。二是交通滞后导致的污染排放。郑州市没有较为通畅的立体交通路网体系，机动车数量的增加导致尾气污染物排放量增加，交通拥堵也造成了大量污染物排放。三是城市建设产生的大量建筑垃圾、废料、扬尘等，增加了空气污染。此外，郑州市作为内陆城市，本地区和其他地区的空气污染都会在郑州停留，容易形成污染集聚，加重了空气污染程度。

表 5-2 显示了 2014—2021 年郑州市月度空气质量指数 AQI，该指数

越大，说明该地区空气污染越严重。可以看出，郑州市 1 月空气污染最严重，其次是 12 月，第三是 2 月。12 月、1 月和 2 月是中国的冬季，郑州市取暖造成的碳排放增加，还有冬季空气流动缓慢造成的污染停留都加剧了空气污染。4 ~ 10 月的空气质量指数会有所下降，春夏秋季空气流动增加和暖气设备关闭促使碳排放减少，提高了郑州市的空气质量。

表 5-2　2014—2021 年郑州市月度 AQI

月度 / 月	2014 年	2015 年	2016 年	2017 年	2018 年	2019 年	2020 年	2021 年	均值
1	163	203	187	139	145	163	157	135	162
2	146	174	119	122	107	158	88	96	126
3	120	154	133	91	102	92	83	124	112
4	112	131	111	70	46	93	87	92	93
5	105	128	98	67	83	104	105	98	99
6	106	117	112	112	120	118	108	121	114
7	90	94	87	105	79	114	96	81	93
8	86	94	81	99	92	91	73	84	88
9	85	101	108	83	74	102	91	76	90
10	149	109	80	75	91	80	83	71	92
11	171	129	144	77	96	106	101	90	114
12	141	187	196	121	122	121	115	81	136

数据来源：空气质量在线监测分析平台。

基于 pearson 相关性分析和灰色关联度方法，本小节对 IFDI 影响郑州市空气污染开展了研究。由于数据的可得性，本小节选用 2014—2021 年郑州市的月度 AQI 数据和月度实际利用外资额数据，相关性分析结果如表 5-3 所示

表 5-3　2014-2021 年郑州市 IFDI 与 AQI 的相关系数

内容	2014 年	2015 年	2016 年	2017 年	2018 年	2019 年	2020 年	2021 年
pearson 相关性	0.295	- 0.251	0.239	- 0.405	0.212	- 0.331	0.321	0.182
显著性	0.000	0.000	0.000	0.000	0.000	0.000	0.000	0.000

表 5-3 显示了 2014—2021 年郑州市 IFDI 与 AQI 的相关系数，最大值是 2020 年的 0.321，最小值是 2017 年的 - 0.405。年均相关系数绝对值

是 0.279。pearson 相关系数绝对值越大，变量之间的相关性越强。当绝对值为 0 ~ 0.2 时，变量之间为极弱相关或无相关；当绝对值为 0.2 ~ 0.4 时，变量之间是弱相关的；当绝对值为 0.4 ~ 0.6 时，变量之间是中等程度相关；当绝对值为 0.6 ~ 0.8 时，变量之间是强相关；当绝对值为 0.8 ~ 1 时，变量之间是极强相关。在 Pearson 相关系数的显著性检验中，如果显著性的值小于 0.01，说明变量之间相关性的发生至少有 99% 的可能性；如果显著性的值小于 0.05，说明变量之间相关性的发生至少有 95% 的可能性。在具体操作中，通常认为显著性的值大于等于 0 且小于 0.05 时才具有显著性，即变量之间的相关性的发生是比较确定的。因此，郑州市 IFDI 与 AQI 之间存在相关性，除了 2021 年两个变量之间是极弱相关的，其他年份都是弱相关或中等相关。

AQI 是将 6 项空气污染物用统一的评价标准测算出来的，这 6 项污染物有 $PM_{2.5}$、PM_{10}、二氧化硫（SO_2）、一氧化碳（CO）、二氧化氮（NO_2）和臭氧（O_3）。因此，IFDI 会对 6 项空气污染物产生影响，最终影响空气质量。接下来采用灰色关联度分析方法，检验 IFDI 与 6 项空气污染物的灰色关联度，判定哪种污染物与 IFDI 的关联最强，哪种污染物与 IFDI 的关联最弱。表 5-5 显示了计算结果。

表 5-4　郑州市 IFDI 与 AQI 的灰色关联度排名表

项目	污染物					
	$PM_{2.5}$	PM_{10}	SO_2	CO	NO_2	O_3
关联度	0.686	0.699	0.646	0.680	0.729	0.600
排名	第三	第二	第五	第四	第一	第六

由表 5-4 可知，IFDI 与 NO_2 的灰色关联度最大，为 0.729；IFDI 与 O_3 的灰色关联度最小，为 0.600；PM_{10}、$PM_{2.5}$、CO、SO_2 与 IFDI 的灰色关联度排名分别为第二、第三、第四和第五。人为产生的二氧化氮主要来自高温燃烧过程的释放，如机动车尾气、锅炉废气的排放等。IFDI 在生产过程中也存在大量的高温燃烧，因此，与 NO_2 有较高的灰色关联度。

（三）分样本上 IFDI 影响郑州市空气污染的研究

在经济发展的过程中，郑州市也逐渐意识到环境保护的重要性，只有经济和环境和谐共生，才能实现可持续发展。由于每年政府都有自身的环保规划和经济发展计划，反映在IFDI和空气质量上，就会出现IFDI和6种空气污染物灰色关联度的年度差异性。因此，本节按照年度样本，对IFDI和6种空气污染物的灰色关联度进行分样本分析。

表5-5显示了2014年6种空气污染物浓度及与其IFDI的灰色关联度，可以看出6种污染物平均浓度较高的月份是11月、12月和1月，较低的月份是7月、8月和9月。与IFDI关联度最大的是NO_2，接下来是PM_{10}、CO、$PM_{2.5}$、SO_2，最后是O_3。前五名空气污染物与IFDI的关联度差别不大，尤其是$PM_{2.5}$和CO，O_3与IFDI的关联度比其他几种污染物明显要低一些。

表5-5 2014年郑州市6种空气污染物浓度及其与IFDI的灰色关联度

项目		污染物浓度					
		PM2.5	PM_{10}	SO_2	CO	NO_2	O_3
月份	1月	121	190	91	2.737	65	33
	2月	111	140	52	1.996	43	42
	3月	88	159	53	1.952	55	67
	4月	79	140	40	2.133	56	72
	5月	72	138	37	1.539	46	78
	6月	78	111	20	1.507	38	105
	7月	53	106	16	1.106	41	127
	8月	58	99	19	1.161	40	86
	9月	57	98	20	1.45	43	66
	10月	111	171	37	1.948	55	58
	11月	131	191	50	2.17	65	42
	12月	95	201	75	1.903	63	41
关联度		0.711	0.726	0.705	0.713	0.732	0.569

注：6种空气污染物浓度单位是$\mu g/m^3$。

表 5-6 显示了 2015 年 6 种空气污染物浓度及其与 IFDI 的灰色关联度，可以看出 2015 年污染物平均浓度最高的月份是 1 月、12 月和 2 月，较低的月份是 8 月、7 月和 11 月。一般情况下，11 月是北方的冬季，污染浓度会增加，但在 2015 年 11 月的污染物平均浓度却只有 62，比其他大多数月份都低。与 IFDI 关联度最高的是 O_3，为 0.699。其他几种污染物与 IFDI 的关联度在 0.555 到 0.583，相差不大。

表 5-6　2015 年郑州市 6 种空气污染物浓度及其与 IFDI 的灰色关联度

项目		污染物浓度					
		$PM_{2.5}$	PM_{10}	SO_2	CO	NO_2	O_3
月份	1 月	159	237	77	2.123	76	37
	2 月	133	197	58	1.707	54	54
	3 月	108	196	42	1.552	60	69
	4 月	87	175	31	1.407	54	106
	5 月	91	153	27	1.529	48	136
	6 月	76	146	18	1.213	45	153
	7 月	60	126	8	1.01	42	131
	8 月	60	112	8	1.103	46	132
	9 月	69	132	16	1.317	57	113
	10 月	69	149	35	1.271	65	79
	11 月	97	148	32	2.047	63	32
	12 月	142	238	46	2.113	75	35
关联度		0.571	0.582	0.555	0.580	0.583	0.699

注：6 种空气污染物浓度单位是 $\mu g/m^3$。

表 5-7 显示了 2016 年 6 种空气污染物浓度及其与 IFDI 的灰色关联度，污染物平均浓度最高的月份是 1 月、12 月和 3 月，较低的月份是 10 月、8 月和 7 月。3 月是中原地区的春季，一般情况下污染物浓度不会太高，但 2016 年 3 月的污染物平均浓度达到 82，居第三位。与 IFDI 关联度最高的污染物是 NO_2，为 0.675；接下来分别是 CO、PM_{10}、SO_2、$PM_{2.5}$；O_3 最小，为 0.532。

表 5-7 2016 年郑州市 6 种空气污染物浓度及其与 IFDI 的灰色关联度

项目		污染物浓度					
		$PM_{2.5}$	PM_{10}	SO_2	CO	NO_2	O_3
月份	1 月	152	229	48	2.31	72	34
	2 月	83	149	48	1.676	52	74
	3 月	81	202	41	1.574	67	99
	4 月	66	178	32	1.41	60	123
	5 月	44	119	25	1.013	44	149
	6 月	44	104	18	1.233	46	173
	7 月	41	73	10	1.152	32	132
	8 月	39	66	12	1.213	33	132
	9 月	60	113	25	1.39	57	150
	10 月	46	87	21	1.223	57	63
	11 月	107	173	32	1.713	71	37
	12 月	161	212	37	1.994	74	41
关联度		0.615	0.641	0.626	0.653	0.675	0.532

注：6 种空气污染物浓度单位是 $\mu g/m^3$。

表 5-8 显示了 2017 年 6 种空气污染物浓度及其与 IFDI 的灰色关联度。整体上来看，12 个月的污染物浓度都不高。污染物平均浓度最高的是 1 月，为 65；最低的是 10 月，为 46；3 ～ 12 月的污染物平均浓度都没有超过 60。与 IFDI 关联度最高的是 NO_2，超过 0.8 的有 PM_{10}、CO 和 SO_2。$PM_{2.5}$、O_3 与 IFDI 关联度系数分别为 0.796 和 0.586。

表 5-8　2017 年郑州市 6 种空气污染物浓度及其与 IFDI 的灰色关联度

项目		污染物浓度					
		$PM_{2.5}$	PM_{10}	SO_2	CO	NO_2	O_3
月份	1 月	108	154	34	1.839	66	29
	2 月	92	133	38	1.35	60	59
	3 月	62	106	27	0.939	62	79
	4 月	42	96	26	0.993	57	118
	5 月	25	59	22	0.887	46	175
	6 月	43	94	14	0.983	47	188
	7 月	40	82	7	0.942	33	163
	8 月	42	82	8	1.068	39	150
	9 月	44	96	16	1.06	56	123
	10 月	48	92	16	1.158	56	60
	11 月	51	101	22	1.02	65	57
	12 月	87	127	24	1.31	64	48
关联度		0.796	0.828	0.806	0.822	0.865	0.586

注：6 种空气污染物浓度单位是 $\mu g/m^3$。

表 5-9 显示了 2018 年 6 种空气污染物浓度及其与 IFDI 的灰色关联度，总体上看，空气污染物浓度偏低，年度均值为 51。最高月份是 1 月，平均浓度为 62；最低月份是 4 月，平均浓度为 41。一年之中有 5 个月平均浓度不超过 50，只有 1 个月平均浓度超过 60。与 IFDI 的关联度系数超过 0.8 的有 NO_2 和 CO，在 0.7 和 0.8 之间的有 PM_{10}、SO_2 和 $PM_{2.5}$，0.6 以下的是 O_3。

表 5-9 2018 年郑州市 6 种空气污染物浓度及其与 IFDI 的灰色关联度

项目		污染物浓度					
		$PM_{2.5}$	PM_{10}	SO_2	CC	NO_2	O_3
月份	1 月	110	138	21	1.3	54	48
	2 月	76	110	20	1.054	40	77
	3 月	74	103	15	1	45	98
	4 月	23	53	14	0.8C3	43	110
	5 月	38	87	12	0.813	38	143
	6 月	33	76	9	0.783	36	181
	7 月	28	58	5	0.771	31	129
	8 月	32	65	7	0.913	34	147
	9 月	28	69	13	0.923	46	110
	10 月	54	109	17	0.916	65	97
	11 月	71	87	16	1.17	61	51
	12 月	90	135	19	1.252	61	33
关联度		0.731	0.788	0.781	0.801	0.840	0.563

注：6 种空气污染物浓度单位是 $\mu g/m^3$。

表 5-10 显示了 2019 年 6 种空气污染物浓度及其与 IFDI 的灰色关联度。空气污染物平均浓度超过 60 的有两个月，分别是 1 月（69）和 2 月（68）。污染物平均浓度 50~60 的有 8 个月，低于 50 的是 8 月和 10 月。与 IFDI 的关联度系数超过 0.8 的是 NO_2（0.843）、CO（0.833）和 PM_{10}（0.819），在 0.7 和 0.8 之间的是 $PM_{2.5}$（0.772）和 SO_2（0.796），系数最小的是 O_3（0.580）。

表 5-10　2019 年郑州市 6 种空气污染物浓度及其与 IFDI 的灰色关联度

项目		污染物浓度					
		$PM_{2.5}$	PM_{10}	SO_2	CO	NO_2	O_3
月份	1 月	122	165	18	1.384	68	38
	2 月	121	151	12	1.129	44	76
	3 月	54	113	11	0.694	49	101
	4 月	54	114	9	0.82	41	116
	5 月	40	116	9	0.639	38	149
	6 月	30	79	6	0.643	34	179
	7 月	30	69	4	0.732	36	174
	8 月	25	55	5	0.777	31	145
	9 月	32	69	8	0.877	39	153
	10 月	36	88	8	0.874	48	90
	11 月	71	120	11	0.987	56	63
	12 月	89	109	11	1.2	52	45
关联度		0.772	0.819	0.796	0.833	0.843	0.580

注：6 种空气污染物浓度单位是 $\mu g/m^3$。

表 5-11 显示了 2020 年 6 种空气污染物浓度及其与 IFDI 的灰色关联度。整体上看，2020 年空气污染物浓度不高，最高是 1 月，平均浓度为 62，有 4 个月的空气污染物平均浓度在 51 到 53 之间，有 6 个月份的平均浓度在 40 到 50 之间，8 月最低，平均浓度为 38。与 IFDI 关联度超过 0.7 的是污染物 NO_2 和 SO_2，系数分别为 0.726 和 0.700；关联度系数大于 0.6 小于 0.7 的污染物是 PM_{10} 和 CO，分别为 0.674 和 0.644；关联度系数大于 0.5 小于 0.6 的污染物是 $PM_{2.5}$ 和 O_3，分别为 0.589 和 0.566。

表 5-11　2020 年郑州市 6 种空气污染物浓度及其与 IFDI 的灰色关联度

项目		污染物浓度					
		$PM_{2.5}$	PM_{10}	SO_2	CO	NO_2	O_3
月份	1 月	120	129	11	1.3	50	59
	2 月	60	74	8	0.817	21	89
	3 月	48	97	10	0.684	37	103
	4 月	43	96	11	0.61	41	127
	5 月	29	89	9	0.623	33	159
	6 月	30	76	6	0.667	30	165
	7 月	29	59	4	0.706	28	153
	8 月	23	50	4	0.752	27	122
	9 月	29	70	8	0.717	39	145
	10 月	48	104	10	0.826	56	72
	11 月	70	105	10	0.917	48	56
	12 月	83	115	12	1.042	52	45
关联度		0.589	0.674	0.700	0.644	0.726	0.566

注：6 种空气污染物浓度单位是 μg/m³。

表 5-12 显示了 2021 年 6 种空气污染物浓度及其与 IFDI 的灰色关联度。整体上来看，2021 年污染物浓度较低，年均值为 42，大于等于均值的有 5 个月，小于均值的有 7 个月。污染物浓度最大的月份是 1 月，平均浓度为 48；最小的月份是 7 月，平均浓度为 35。6 种污染物与 IFDI 的灰色关联度系数都在 0.6 和 0.7 之间，由高到低排名依次为 O_3、NO_2、SO_2、CO、PM_{10} 和 $PM_{2.5}$。与之前年份相比可以发现，2021 年与 2015 年比较相似，O_3 与 IFDI 的关联度系数都排名第一，其他年份都是排名第六。

表 5-12　2021 年郑州市 6 种空气污染物浓度及其与 IFDI 的灰色关联度

项目		污染物浓度					
		PM$_{2.5}$	PM$_{10}$	SO$_2$	CO	NO$_2$	O$_3$
月份	1 月	71	99	12	1.048	49	56
	2 月	61	88	10	0.8	31	84
	3 月	42	56	9	0.732	36	83
	4 月	36	50	9	0.637	31	113
	5 月	28	36	9	0.613	26	144
	6 月	27	68	7	0.707	24	179
	7 月	18	39	3	0.561	16	134
	8 月	23	47	4	0.658	18	138
	9 月	22	49	6	0.753	24	126
	10 月	42	75	9	0.81	43	84
	11 月	57	104	11	0.707	40	71
	12 月	53	83	11	0.797	43	52
关联度		0.649	0.675	0.687	0.684	0.688	0.695

注：6 种污染物单位是 μg/m^3。

纵观 2014—2021 年郑州市各月份 6 种空气污染物浓度及与 IFDI 的灰色关联度可以发现，整体上，污染物平均浓度呈下降趋势，由 2014 年的平均浓度 66 下降到 2021 年的 42。IFDI 与 NO$_2$ 的灰色关联度系数较大，除了 2015 年和 2021 年排名第二外，其他年份都排名第一。IFDI 与 O$_3$ 的灰色关联度系数较小，除了 2015 年和 2021 年排名第一外，其他年份排名都是最末位。IFDI 与 PM$_{10}$ 的灰色关联度系数有四个年份排名第三，两个年份排名第二，一个年份排名第五。PM$_{2.5}$、SO$_2$ 和 CO 与 IFDI 的灰色关联度系数排名没有明显的规律，但大部分年份 CO 与 IFDI 的灰色关联度系数要大于 PM$_{2.5}$、SO$_2$ 与 IFDI 的灰色关联度系数。

五、结论与对策建议

本节以郑州市为例，对 IFDI 影响城市空气污染展开了研究，发现中国城市空气污染不但具有长程相关性，即现阶段的空气污染受过去的空气污染的影响，还会受其他地区空气污染的影响。相关系数分析表明郑州市 IFDI 与空气质量之间存在相关性，不同年份存在极弱相关、弱相关和中等相关的异质性。进一步采用灰色关联度方法研究 IFDI 与各种空气污染物浓度之间的关系，发现 IFDI 与 NO_2 的灰色关联度最大，与 O_3 的灰色关联度最小，PM_{10}、$PM_{2.5}$、CO、SO_2 与 IFDI 的灰色关联度排名为第二、第三、第四和第五。

因此，建议城市采取措施控制工业企业污染物排放，管理机动车污染排放，建立无燃煤区和基本无燃煤区。建议企业提高技术水平，改善生产工艺，实现生态效益，优化能源结构。值得注意的是，空气污染控制和管理不是一个城市的独立责任，它是许多城市协调一致的责任，是实现城市绿色发展这一目标的基础。因此，城市之间应该协调合作改善生态环境，减少污染，最终实现可持续发展。

第二节　IFDI、技术创新和碳排放效率

本节对 IFDI、技术创新和碳排放效率展开研究。首先，测量了中国各省的碳排放效率，分析了各省份的特点；其次，实证检验了 IFDI、技术创新和碳排放效率；最后，提出了有针对性的政策建议。

一、引　言

碳排放效率指的是消耗较少的能源，产生较少的工业碳排放，但却获得较高的经济增长。就中国目前的发展阶段而言，过度减排必然会以牺牲

经济增长为代价。因此，提升碳排放效率被认为是可持续发展的必由之路。改革开放以来，中国吸引了大量的外商直接投资。外资流入一方面促进了中国经济的发展，提升了中国的技术创新水平；另一方面，外资流入增加了中国的能源消耗，扩大了资源利用，增加了碳排放。IFDI 对碳排放效率有什么样的影响取决于 IFDI 流入的规模效应、结构优化效应和技术溢出效应的大小。当规模效应大于结构优化效应和技术溢出效应之和时，IFDI 流入会不利于碳排放效率的提升，增加碳排放；当规模效应小于结构优化效应和技术溢出效应之和时，IFDI 流入会提高碳排放效率，减少碳排放。

IFDI 之所以会直接影响地区的碳排放效率，因为在经济发展的初期，人们往往会牺牲环境获得快速的经济增长，经济规模的迅猛扩大伴随着高能源消耗、高污染和高排放，这些都不利于碳排放效率的提高。随着经济发展进入快速增长阶段，人们对环境质量的要求也在提高。地区注重引进环境友好型的外资企业，通过示范效应、技术溢出效应和市场竞争效应带动了东道国环保技术的提升，增加了碳排放效率。IFDI 的流入还会对东道国的环境规制强度产生影响。在经济发展初期，东道国会弱化环境保护以发展经济，再加上环保意识不强、环保技术薄弱，导致地区采取较低强度的环境规制，吸引了大量高消耗和高排放外资的流入。而大量 IFDI 企业会与拥有低碳技术的企业展开竞争，致使其放弃对环保技术的研发与应用，最终导致地区为了发展经济而进一步降低环境规制强度。在经济快速增长时期，环境的恶化和环保意识的觉醒使得地方政府提高环境规制强度，迫使 IFDI 企业不得不开展环保技术创新，因为只有通过技术创新才能补偿其环境规制成本。最终 IFDI 企业通过环保技术溢出改善了当地生态环境。

IFDI 还会间接影响地区的碳排放效率，一个重要的渠道就是技术创新。IFDI 的流入带来了先进的环保技术、治理污染经验，通过示范效应和竞争效应促进东道国企业改善产品生产工艺，提升环保技术水平，提高碳排放效率。对东道国企业而言，它有上下游企业，也有所在行业，所在行业又有上下游关联行业。因此，它所吸收的外资企业的先进环保技术和治污经验会通过人员流动效应、产业关联效应在东道国行业之间进行传播。随着技术越来越成熟，又会通过空间溢出效应扩散到其他地区，最终带动东道国环保技术水平的提升和碳排放效率的提高。值得注意的是，外资进入在弥补当地投资缺口的同时也可能会对国内投资产生挤出效应，因此 IFDI 企业的技术溢出效应可能会减少。

本节采用超效率模型和多种回归分析方法对 IFDI、技术创新和碳排放效率展开研究。首先，测算了中国碳排放效率，了解了中国碳排放效率的时空特点；其次，实证检验了 IFDI、技术创新对碳排放效率的影响并做了稳健性回归；最后，基于阶梯法，测算了技术创新的中介效应，考察了 IFDI 对碳排放效率的直接影响和通过影响技术创新进而影响碳排放效率的间接影响，估算了中介效应在总效应中的作用。

二、文献综述

本节研究有三个关键变量，即 IFDI、技术创新和碳排放效率。因此，在对以往研究文献进行概括归纳时，分别从碳排放效率测量、IFDI 与技术创新和 IFDI 与碳排放三个方面展开分析，其中 IFDI 与碳排放方面也包括 IFDI 与碳排放效率。

（一）碳排放效率测量

关于碳排放效率，学术界并没有清晰的定义，碳排放效率的测量与它的定义密不可分。碳排放效率最初被定义为碳生产率，指的是经济活动中所产生的二氧化碳排放量与国内生产总值的比值。以单位 CO_2 的 GDP 产出作为衡量碳排放效率的指标是评价一个国家节能减排的重要标准（Sun，2005）。也有学者认为碳排放效率就是碳排放强度，它是单位能源消耗的碳排放量，可以衡量发展中国家为节能减排和应对气候变化所做出的贡献（Mielnik and Goldember，1999；Ang，1999）。可以看出，无论是以 GDP 作为基础还是以能源消耗作为基础，其出发点均立足于 CO_2 排放量，其定义包含对碳排放效率的测量，都是采用单一指标来衡量碳排放效率。单一指标衡量碳排放效率易于理解，但人类社会经济生产活动是一个复杂的系统，仅从地区生产总值或能源消耗某一变量出发并不能全面地解释碳排放效率的概念，也存在由于衡量指标的多样化而容易引发争议等问题（Zhou et al.，2010）。因此，对碳排放效率的测量应综合考虑能源消耗、经济发展与碳排放等因素，这样的评价结果才具有全面性和合理性（Ramanathan，2002）。

不少学者从多指标的角度对碳排放效率展开测量，较为常见的效率评价方法主要包括数据包络分析（data envelopment analysis，DEA）和随机前沿分析（stochastic frontier analysis，SFA）两种。DEA 方法为多投入多产出的效率评价提供了新的思路，该方法首先由 Farrel 在 1957 年提出，并由 Charnes 和 Cooper（1962）等人进行了改进。Marklund 和 Samakovlis（2007）采用 DEA 方法测算碳排放效率，并构建距离方向函数计算了欧盟各国的碳减排成本。Ramanathan（2006）采用 DEA 方法测算全球的碳排放效率，并实证研究了能源消耗对碳排放效率的影响。刘志华等（2022）以资本、能源、劳动力为投入，以国内生产总值为期望产出，以 CO_2 排放量为非期望产出，测算了中国 30 个省（自治区、直辖市）的碳排放效率。王凯等（2022）采用非期望产出 Super-SBM（slack-based measure）测算了旅游业碳排放效率，不但克服了投入产出的松弛变量问题，而且实现了不同决策单元效率之间的横向比较。

DEA 评价方法有着随机前沿分析方法无可比拟的优势，但 DEA 方法无须考虑随机因素。与 DEA 方法相对应的是另外一种参数方法——SFA 方法。Risto 等（2012）基于省际面板数据，采用 SFA 方法对其碳排放效率进行了测度。杨滨键和孙红雨（2021）运用 SFA 方法，测算了山东省种植业的碳排放效率。在此基础上，引入影子价格计算出了边际减排成本。张宁和赵玉（2021）采用 SFA 方法测算了中国 164 个城市碳排放的技术效率，发现中国城市考虑碳排放的技术效率呈现倒 U 形的变化趋势：2013—2015 年，中国城市考虑碳排放的技术效率呈现线性的增长；2015 年后，受股市低迷影响和粗放型经济增长方式的影响，中国城市考虑碳排放的技术效率呈下降趋势。

（二）IFDI 与技术创新

IFDI 会通过技术溢出影响一国的技术创新水平。对于 IFDI 技术溢出的研究最早可追溯到 20 世纪 60 年代初。Macdougall（1960）采用静态局部均衡分析，将知识溢出指标加入外商直接投资的效应分析中，研究 IFDI 对东道国劳动生产率的影响，发现二者呈正相关，证实了 IFDI 技术溢出效应的存在。IFDI 技术溢出有两种方式，一种是产业间垂直溢出，另一种是产业内水平溢出。产业间垂直溢出指的是同一价值链上外资企业与本土企业产生的前向和后向的关联，通过前向关联效应（后向关联效应）产生了前向（后向）技术溢出。产业内水平溢出指的是同一产业内部外资企业与本土企业之间的关联所带来的技术溢出，影响机制有示范—模仿效应、竞争效应和劳动力溢出效应（赖永剑和贺祥民，2021）。

在 IFDI 和技术创新的研究中，大部分学者发现 IFDI 对技术创新有正向的影响。在 Smith 和 Thomas（2017）对俄罗斯的研究、Das 和 Drine（2020）对非洲国家的研究中，都发现 IFDI 对区域创新能力有着积极的作用。Sultana 和 Turkina（2020）建立模型研究全球 IFDI 网络，发现全球 IFDI 网络具有明显的中心 – 外围特征，越是技术发达的国家，越处于 IFDI 网络的中心位置，这从侧面说明一个国家在 IFDI 网络中是否能处于中心位置与该国的技术水平有关。Liu 等（2018）根据外资企业"污染光环"假说，认为跨国公司所带来的先进知识或技术和环保措施，会鼓励本地企业采用绿色技术，从而改善东道国的环境质量。林进智和郑伟民（2013）发现 IFDI 的 3 个衡量指标与 3 个衡量东道国企业技术创新的指标之间都呈正向关系，尤其最能代表企业技术创新水平的专利申请量的影响系数最大。这说明 IFDI 的确有利于东道国企业的技术创新。陈波和张程程（2022）发现 IFDI 有利于提高东道国企业的技术创新能力，且存在溢出效应。高质量的外资具有明显的技术溢出效应。水平型外资企业的创新促进作用非常明显，而垂直型外资企业的创新促进作用不明显。

也有一部分学者研究认为，IFDI 对东道国的技术创新影响不显著，甚至存在负效应。Romijn 和 Albaladejo（2002）及 Tzeng（2018）都发现 IFDI 对东道国技术创新水平的作用极其微弱。Lew 和 Lin（2016）发现 IFDI 对东道国技术创新水平没有影响。Marco 和 Steve（2015）发现 IFDI 对东道国创新产生了"挤出效应"，不利于东道国企业技术创新水平的提高。Kim 和 Choi（2019）使用韩国制造业企业的面板数据，发现外商投资企业对韩国企业技术能力存在负面影响。陈丽珍和刘金焕（2016）从创新投入和创新产出的视角研究 IFDI 对东道国企业技术创新水平的影响。他们使用中国 27 个制造业行业的面板数据，采用 GLS 估计方法，发现 IFDI 对东道国企业技术创新水平具有正向影响，但影响并不显著。李斌等（2016）分析 IFDI 对中国高技术产业技术创新的影响，发现该种影响存在门槛效应，这种门槛效应与东道国的吸收能力有关。人力资本、研发投入和经济发展三种吸收能力都会对东道国高技术产业开展技术创新形成门槛。当小于门槛值时，IFDI 对中国高技术产业技术创新的影响不显著；当大于门槛值时，IFDI 对中国高技术产业技术创新有正向的影响。

（三）IFDI 与碳排放

学者们对 IFDI 与碳排放开展了大量研究工作，主要有两个假说。一个是"污染天堂"假说，认为在经济全球化的过程中，发达国家将污染型产业转移到发展中国家，在促进发展中国家经济发展的同时，又加剧了对化石能源的使用，产生大量的二氧化碳（Omri et al.，2014；Nadeem et al.，2020）。向宇和代沁雯（2022）发现无论是本地还是邻地的双向 FDI 都会显著减少碳排放，但碳减排空间溢出效应仅在邻接矩阵下显著，原因是邻接矩阵具有更直观的地理相邻属性，因此，邻近区域自然资源的相似属性会影响碳排放。另一个是"污染光环"假说，认为在国际资本跨区域流动的过程中，IFDI 通过绿色技术溢出、资源优化配置等途径能促进内产业结构升级和能源结构优化，抑制二氧化碳的产生（Zhu et al.，2016）。盛妮和谭宓（2022）认为外国直接投资会直接影响碳排放，并与碳排放有显著的负向关系，验证了"污染光环"假说在中国 – 东盟自由贸易区国家的存在。外国直接投资会通过能源消耗间接影响碳排放，中介效应为 0.544 且显著。

除了这两个假说以外，也有学者发现 IFDI 对碳排放没有影响。Chen 和 Yang（2018）采用 STIRPAT 扩展模型研究 IFDI 对中国碳排放的影响，发现 IFDI 对碳排放没有明显的作用。Al-Mulali 和 Tang（2013）使用海湾合作委员会国家层面的数据，研究 IFDI 对环境的影响，发现短期内 IFDI 流入对环境没有显著的影响。

为什么 IFDI 与碳排放关系的研究存在截然相反的结论？一个原因在于研究样本的异质性，例如，研究样本具有严格的环境规制，并且位于经济发达地区，IFDI 就会抑制碳排放强度。当研究样本是环境规制宽松并且经济欠发达地区，则 IFDI 抑制碳排放效应不明显（Hao and Liu，2015）。另一个原因是 IFDI 对碳排放的影响机制。IFDI 对碳排放的影响取决于规模效应、结构效应和技术效应三种机制。当规模效应大于结构效应和技术效应时，会增加碳排放；当规模效应小于结构效应和技术效应之和时，会减少碳排放。当一些地区忽视生态保护，环境约束较小的时候，就会以低廉的成本吸引发达国家外商直接投资。外资企业会利用当地生产资源，扩大生产规模，从而增加了能源消耗和碳排放。IFDI 的流入会影响东道国的产业结构，促进东道国产业结构升级，也会带来先进的技术和生产管理经验，增加对东道国企业的技术溢出。因此，IFDI 能增加碳排放还是减少碳排放，取决于这三种效应的大小。

学者们对 IFDI 与碳排放效率的关系开展了较少的研究工作。李潇潇和张振东（2022）采用 Super-SBM 模型测算了 35 个 OECD 成员国的碳排放效率并分析了其时空演变特征，在此基础上，采用空间面板数据回归方法检验了各影响因素对 OECD 成员国碳排放效率的影响，发现外商直接投资对碳排放效率有正向的影响，这是因为随着全球化进程的不断推进，进口贸易、跨国合作和对外投资等多种国际化形式对东道国造成了较强的技术溢出，提升了碳排放效率。与李潇潇和张振东（2022）的研究结果相反，徐英启等（2022）发现外商直接投资对碳排放效率有负向的影响，证明了"污染天堂"假说在中国 68 个低碳试点城市的存在性。他们认为 IFDI 对东道国的技术溢出效应不高，在结构和效率上仍存在提升空间。分样本实证结果表明外商直接投资对东部和中部低碳试点城市碳排放效率有负向的影响，但对西部试点城市影响不显著，这说明东部和中部试点城市外商直接投资的规模效应大于结构效应和技术效应之和，导致了碳排放的增加。

三、研究方法和数据来源

在开展实证分析前，本部分有先介绍实证研究所使用的方法：超效率 DEA 方法，并列出实证研究所使用的数据的来源。

（一）超效率 DEA 方法

传统 DEA 方法所计算出来的效率值包括两种：一种是小于 1，效率值无效；另一种是等于 1，效率值有效。它的缺点是不能对效率值为 1 的有效决策单元（decision making units，DMU）进行比较分析，但实际上这些决策单元之间是存在区别的。为了解决上述问题，Anderson 和 Petersen（1993）提出了超效率模 DEA 型（super efficiency DEA），公式如下

$$
\begin{cases}
\min(\theta) - \varepsilon\left(\sum_{i=1}^{m} s_i^- - \sum_{r=1}^{s} s_r^+\right) \\
\sum_{j=1}^{n} x_{ij}\lambda_j + s_r^- = \theta x_{ij_0} \\
\sum_{j=1}^{n} y_{ij}\lambda_j - s_r^+ = y_{ij_0} \\
\lambda_j, s_r^-, s_r^+ \geqslant 0; i = 1, 2, \cdots, m, j = 1, 2, \cdots, j_0 - 1, j_0 + 1, \cdots, n
\end{cases}
\tag{5-14}
$$

其中，式（5-14）是评价第 j_0 决策单元 DMU_0 的超效率模型，它将被评价的 DMU_0 从参考集中剔除，通过参考其他 DMU 构成的前沿得出自身的值，弥补了传统 DEA 模型在效率为 1 的情况下无法进一步分析排序的不足。其中，多输入-多输出评价体系共有 n 个决策单元，由 m 个投入指标和 s 个产出指标构成指标体系。x_{ij} 表示第 j 个决策单元在第 i 个投入指标上的值，y_{ij} 表示第 j 个决策单元在第 i 个产出指标上的值，θ 为第 j_0 个决策单元的超效率值。ε 为非阿基米德无穷小量，s_r^- 为投入冗余量，s_r^+ 为产出不足量。

（二）数据来源和变量选择

数据来源于 2004—2019 年的《中国统计年鉴》、《中国科技统计年鉴》、《中经网统计数据库》、世界银行、联合国贸易和发展会议数据库（贸发会议）与中国碳排放数据库。西藏自治区、中国香港、中国澳门和中国台湾因数据不完整，故此不包括在内。

1. 碳排放效率

本部分使用超效率 DEA 模型估算能源效率，借鉴以往研究文献并考虑本研究的特点，选取的投入变量有资本（X_1）、劳动（X_2）和能源消耗量（X_3），产出变量有 GDP（Y_1）和 CO_2（Y_2）。投入和产出变量具体如表 5–13 所示。

表 5–13　碳排放效率投入产出指标

类别	指标名称	测量方法
投入指标	资本 (X_1)	固定资本投资存量
	劳动 (X_2)	从业人员数量
	能源消费量 (X_3)	能源消耗量
产出指标	GDP(Y_1)	国内生产总值
	CO_2(Y_2)	二氧化碳排放量

数据来源：2004—2019 年《中国统计年鉴》。

表 5–13 中，资本采用固定资本投资存量衡量，它的计算方法是永续盘存法。永续盘存法计算公式为 $K_{jt}=K_{jt-1}(1-\delta_{jt})+I_{jt}$，这里 K_{jt} 代表第 j 个省第 t 年的资本存量，I_{jt} 代表第 j 个省第 t 年的固定资本形成总额，δ_{jt} 代表第 j 个省第 t 年的固定资本折旧率，取 2004 年为基期。劳动指标以各省历年从业人员数量衡量；能源指标以各省份历年能源消耗量来衡量；GDP 为各省份历年国内生产总值，以 2004 年为基期，运用 GDP 平减指数进行折算；CO_2 为二氧化碳排放量。

表 5-14 列出了碳排放效率值，为了节约空间，只展示了部分年份的效率值。可以看出，东部地区碳排放效率值较高，除了浙江省和福建省，其他省市的年均碳排放效率值都超过了 1。效率均值最大的是北京市，最小的是福建省。中部地区碳排放效率值排名第二，最大值是山西省的 1.086，最小值是湖北省的 0.988。西部地区碳排放效率值排名第三，10 个省（自治区、直辖市）中有 9 个省（自治区、直辖市）的碳排放效率低于全国均值，最大值是宁夏回族自治区的 1.049，其次是内蒙古的 1.009，陕西省和青海省排名第三，都为 0.996。东北地区碳排放效率值最低，最大值是黑龙江省的 0.989，最小值是吉林省的 0.983。2004—2019 年，历年效率值呈抛物线形状，从 2004 年开始呈上升趋势，到 2013 年达到最大值 1.005，然后下降到 2019 年的 1.001。

表 5-14　我国部分省（自治区、直辖市）部分年份碳排放效率值

地区	省（自治区、直辖市）	2004 年	2007 年	2010 年	2013 年	2016 年	2019 年	均值
东部地区	北京市	0.966	1.012	1.021	1.037	1.049	1.044	1.026
	天津市	1.03	1.054	1.031	1.032	0.992	0.957	1.021
	河北省	1.028	1.011	1.001	1.000	0.989	0.978	1.001
	上海市	1.000	1.004	0.998	0.997	1.000	1.001	1.001
	江苏省	1.014	1.003	1.004	1.003	1.007	1.001	1.005
	浙江省	0.995	1.003	1.001	0.996	0.994	0.994	0.998
	福建省	1.007	0.993	0.993	0.995	0.992	1.000	0.994
	山东省	1.027	1.043	1.017	1.000	1.003	0.992	1.014
	广东省	1.008	1.03	1.02	1.013	1.01	1.005	1.017
	海南省	0.996	0.993	1.005	0.995	1.027	1.054	1.009
中部地区	山西省	1.063	0.982	1.059	1.143	1.141	1.127	1.086
	安徽省	0.987	0.987	0.994	1.002	1.005	1.012	0.997
	江西省	0.977	0.982	0.994	0.998	0.995	0.995	0.990
	河南省	0.992	0.997	0.992	0.986	0.978	0.984	0.989
	湖北省	0.987	0.982	0.99	0.994	0.99	0.994	0.988
	湖南省	0.99	0.992	0.999	1.004	1.007	0.995	0.998

地区	省（自治区、直辖市）	2004 年	2007 年	2010 年	2013 年	2016 年	2019 年	均值
西部地区	内蒙古自治区	0.99	1.017	1.018	1.007	1.017	0.997	1.009
	广西壮族自治区	0.979	0.989	0.979	0.983	0.978	0.97	0.982
	重庆市	0.963	0.949	0.973	0.982	0.993	0.998	0.975
	四川省	0.983	0.979	0.988	0.996	0.992	0.997	0.989
	贵州省	0.944	0.958	0.985	1.000	1.000	0.99	0.984
	云南省	0.965	0.962	0.96	0.968	0.96	0.975	0.965
	陕西省	0.944	0.983	1.005	1.01	1.009	1.008	0.996
	甘肃省	0.958	0.979	0.983	0.992	0.971	0.973	0.978
	青海省	0.971	0.966	0.996	1.000	1.003	0.993	0.996
	宁夏回族自治区	0.996	1.034	1.041	1.061	1.082	1.105	1.049
	新疆维吾尔自治区	0.941	0.953	0.972	0.985	0.97	0.973	0.966
东北地区	辽宁省	0.996	0.985	0.986	0.99	0.971	0.977	0.984
	吉林省	0.968	0.986	0.979	0.983	0.991	0.969	0.983
	黑龙江省	1.019	0.993	0.991	0.989	0.979	0.96	0.989
均值		0.989	0.993	0.999	1.005	1.003	1.001	0.999

2. 其他变量

主要解释变量 FDI（fdi）以外商直接投资总额衡量，取对数形式。技术创新（rd）用各省历年研发支出衡量。开放度（open）是以各省进出口总额占当前各省国民生产总值的比重来衡量的。产业结构（industry）是第二产业产值占总产值的比重。财政支出（fine）是各省财政支出占各省国民生产总值的比重。

四、计量模型和实证检验

在介绍了研究方法和数据来源的基础上，本部分对 IFDI、技术创新和碳排放效率开展了实证分析，包括计量模型和实证检验两个部分的内容。

（一）计量模型

一方面，外商直接投资流入东道国，增大了东道国的经济规模，扩大了东道国的生产，但也使东道国能源消耗增加，对东道国污染排放造成影响。另一方面，外商直接投资企业的技术水平一般会优于东道国企业，它的流入会对东道国企业造成技术溢出，提升东道国产业技术水平，提高碳排放效率。因此，IFDI 不但会直接影响碳排放效率，还会通过影响技术创新间接影响碳排放效率。为了更好地检验 IFDI、技术创新对碳排放效率的影响，建立如下三个模型：

$$co_{it}=\gamma_0+\gamma_1 rd_{it}+\gamma_2 fdi_{it}+\gamma_3 open_{it}+\gamma_4 industry_{it}+\gamma_5 fine_{it}+\varepsilon_{it} \quad (5\text{-}15)$$

$$co_{it}=\beta_0+\beta_1 fdi_{it}+\beta_2 open_{it}+\beta_3 industry_{it}+\beta_4 fine_{it}+\theta_{it} \quad (5\text{-}16)$$

$$rd_{it}=\alpha_0+\alpha_1 fdi_{it}+\alpha_2 open_{it}+\alpha_3 industry_{it}+\alpha_4 fine_{it}+\tau_{it} \quad (5\text{-}17)$$

其中，i 代表省份；t 代表年份；α_i，β_i，（$i=0,1,\cdots,4$）和 γ_i，（$i=0,1,\cdots,5$）为回归系数；ε_{it}，θ_{it}，τ_{it} 为残差；co 指的是碳排放效率；rd 指的是技术创新；fdi 指的是外商直接投资总额；open、industry 和 fine 分别是控制变量开放度、产业结构和财政支出。式（5-15）、式（5-16）和式（5-17）共同验证了技术创新的中介效应（Pei et al.，2019）。借鉴 Wen 和 Ye（2014）的研究验证技术创新的中介效应。首先，对式（5-16）中的 β_1 系数进行显著性检验。如果显著，则进行下面的检验；如果不显著，则停止检验。其次，对式（5-17）中的系数 α_1 和式（5-15）中的系数 γ_1 的显著性进行检验。如果两者都显著，则表明中介效应存在；如果至少有一项是不显著的，则需要进一步进行 Sobel 检验。Sobel 检验的原假设是 H_0：$\alpha_2 \gamma_3=0$，当它的原假设被拒绝时，表明中介效应存在。最后，对式（5-15）中的 γ_2 系数的显著性进行检验。如果显著，则表明存在部分中介效应；如果不显著，则表明存在完全中介效应。中介效应是 $\alpha_1\gamma_1$，直接效应是 γ_2，两者相加是总效应 $\alpha_1\gamma_1+\gamma_2$。

在进行实证分析之前，先检验数据是否存在严重的多重共线性问题，因为数据之间如果高度相关，就会导致回归结果失真或难以估计准确。表5-15 显示了面板数据相关性分析结果。可以看出，最大的是 rd 与 fdi 相关系数（0.614），最小的是 fine 和 fdi 的相关系数（-0.566）。因此，数据不存在严重的多重共线性问题，可以进行面板回归。

表 5-15 面板数据相关性分析结果

变量	dea	fdi	open	industry	fine	rd
co	1.000					
fdi	0.159	1.000				
open	0.146	0.451	1.000			
industry	0.012	0.129	−0.101	1.000		
fine	0.012	−0.566	−0.168	−0.274	1.000	
rd	0.117	0.614	0.309	0.021	−0.262	1.000

表 5-16 显示了描述性统计分析结果，共有 464 个样本。除了变量 open，其他所有变量的均值都大于标准误。变量 open 的均值是 0.053，标准误是 0.076，均值小于标准误，说明该组样本存在一定的离散型，但由于样本量大于 30，所以不会影响回归结果。表 5-16 中显示了各变量的最大值和最小值，最大值最大的是变量 rd，最小的是变量 open；最小值最大的是变量 rd，最小的是变量 fdi。最大值和最小值两者差距最大的是变量 rd，差值为 8.386；两者差距最小的是变量变量 co，差值为 0.207。

表 5-16 描述性统计分析结果

变量	样本量	均值	标准误	最小值	最大值
co	464	0.999	0.029	0.941	1.148
fdi	464	3.662	1.517	−0.778	6.793
open	464	0.053	0.076	0.002	0.442
industry	464	0.426	0.119	0.161	2.126
fine	464	0.199	0.101	0.071	0.846
rd	464	13.831	1.797	8.863	17.249

（二）实证检验

本部分所开展的实证研究较为详细。首先，采用基本回归分析了 IFDI、技术创新和碳排放效率；其次，对上述回归做了稳健性检验；再次，采用阶梯法检验了技术创新的中介效应；最后，做了分样本回归分析。

1. 基本回归

笔者首先对面板数据进行基本回归。在处理面板数据时，究竟应该使用固定效应模型还是随机效应模型，需要对原假设"不可观测的随机变量与所有解释变量不相关"进行检验。如果原假设成立，则采用随机效应模型进行检验；如果原假设不成立，则采用固定效应模型进行检验。检验方法一般使用 Hausman 检验，通过 Hausman 检验发现面板数据在 1% 的统计水平上显著，因而拒绝了随机效应的原假设，应该采用固定效应模型。表 5-17 展示了固定效应回归结果。

表 5-17　固定效应基本回归结果

变量	co	co	rd
	式（5-15）	式（5-16）	式（5-17）
rd	0.002***		
	（0.001）		
fdi	0.003*	0.004***	1.054***
	（0.002）	（0.001）	（0.076）
open	0.096***	0.082**	−8.398***
	（0.037）	（0.037）	（2.111）
industry	−0.009	−0.009	−0.019
	（0.008）	（0.008）	（0.485）
fine	0.026***	0.041***	8.003***
	（0.014）	（0.012）	（0.711）
常数项	0.958***	0.974***	8.823***
	（0.011）	（0.007）	（0.403）
R^2	0.024	0.031	0.351

注：***、** 和 * 分别表示在 1%、5% 和 10% 的水平上显著，括号里的数据代表标准误。

由表 5-17 可知，fdi 对碳排放效率有正向的影响，fdi 每增加 1%，碳排放效率就增加 0.003%。外资的流入会把国外先进的环保技术、环保标准和环保理念扩散到东道国，东道国企业通过示范效应和模仿效应减少了企业碳排放，提高了碳排放效率。国外环保理念的传入对东道国碳排放效率的提高意义尤为重大，环境保护不但关乎人类的健康，而且对社会的长期发展也非常重要。环保理念的传播使东道国意识到环境的作用，开始重视环保技术的提升，提高环境规制强度。另外，外资的流入会提高整个行业的技术水平，促进能源效率提升，节约能源，减少碳排放。rd 对碳排放效率有正向的影响，rd 本身就是技术水平提高的过程，会为企业带来技术溢出效应，减少碳排放，增加碳排放效率。fdi 有利于增强东道国技术研发水平，fdi 每增加 1%，rd 就增加 1.054%。流入中国的 fdi 一部分是在中国从事贴牌生产，即产品在国内生产加工、完成组装，最终流向国外，但在此生产过程中，国外先进的技术生产标准和环保标准也会流入当地企业，形成技术溢出，提高碳排放效率。另一部分 fdi 是直接对中国的研发机构进行投资。跨国企业为了获得更多的利润，会研发适合东道国的技术和产品，这会对东道国企业形成较大的技术溢出。这种技术溢出一方面表现在产品的示范效应，另一方面表现在研发人员的流动效应。

控制变量中，open 对碳排放效率有正向的影响。open 是用进出口贸易和 GDP 的比值来衡量的，该值越大，说明一个国家的对外开放度越大，国家越跟世界接轨。发达国家先进的环保技术和环保理念越容易传播到中国来，越有利于中国能源节约和碳排放效率的提高。open 对研发支出有负向的影响，可能的原因是中国对外贸易产品绝大部分是以量取胜，技术含量普遍较低，不能对国内研发产生较强的技术溢出。产业结构是用第二产业产值占总产值的比例衡量的，它对碳排放效率有负向但不显著的影响，这是因为第二产业在生产过程中耗费大量的能源，产生大量的碳排放，因此不利于碳排放效率的提高。财政支出对碳排放效率有正向的影响。改革开放以来，中国各级政府注重发展当地经济，也出现了为了发展经济而牺牲生态环境的现象。河流污染、生态环境遭到破坏、人类健康受到威胁这些忽视环保的后果使地方政府逐渐意识到环境保护的重要性，经济发展方式从粗放式的牺牲生态环境的方式向集约式的注重环境保护的方式转变。

地方政府加大对环境保护的财政支出降低了碳排放，增加了碳排放效率。

2. 稳健性检验

为了验证当某些参数发生改变时，回归结果与基本回归结果是否有一个比较一致、稳定的解释，本小节进行稳健性检验。稳健性检验一般有变量替换法、方法替换法和改变样本容量等几种方法，本节采用 Tobit 回归方法进行检验，检验结果列于表 5-18 中。由表 5-18 可知，fdi 对碳排放效率有正向的影响，fdi 每增加 1%，碳排放效率就增加 0.003%。rd 对碳排放效率有正向的影响，rd 每增加 1%，碳排放效率就增加 0.002%。fdi 对研发支出有正向的影响，fdi 每增加 1%，研发支出就增加 1.141%。因此，回归结果是稳健的。

表 5-18　稳健性检验结果

变量	co	co	rd
	式（5-15）	式（5-16）	式（5-17）
rd	0.002**		
	（0.001）		
fdi	0.003*	0.004***	1.141***
	（0.001）	（0.001）	（0.061）
open	0.073**	0.063**	−4.587***
	（0.031）	（0.031）	（1.519）
industry	−0.008	−0.008	−0.026
	（0.008）	（0.008）	（0.469）
fine	0.031**	0.042***	7.207***
	（0.013）	（0.012）	（0.664）
常数项	0.961***	0.975***	8.467***
	（0.011）	（0.008）	（0.383）
rho	0.674	0.667	0.399
Wald	41.58***	37.57***	472.47***

注：***、** 和 * 分别表示在 1%、5% 和 10% 的水平上显著，括号里的数据代表标准误。

3. 中介效应检验

基于式（5-15）、式（5-16）和式（5-17），采用阶梯法检验技术创新的中介效应，表 5-19 显示了固定效应回归和 Tobit 回归的中介效应检验结果。首先，式（5-16）中 β_1 的系数，即 fdi 对碳排放效率的影响是显著的，在固定效应回归和 Tobit 回归中的系数都是 0.004，说明可以进行下面的检验。其次，检验式（5-17）中的系数 α_i 和式（5-15）中的系数 γ_i 的显著性，发现固定效应回归和 Tobit 回归中，两个系数都显著，证明了中介效应的存在。

表 5-19　中介效应检验

方法	Sobel test	直接效应	间接效应	总效应	间接效应占比
固定效应	2.0998[**]	0.0028	0.0017	0.0045	37.78%
Tobit 回归	1.9884[**]	0.0026	0.0018	0.0044	40.91%

注：** 表示在 5% 的水平上显著。

固定效应回归中，fdi 对碳排放效率的直接效应是 0.0028，间接效应是 0.0017，其中间接效应占比为 37.78%。这说明 fdi 不但会直接影响碳排放效率，也会通过影响技术创新间接影响碳排放效率。Tobit 回归中，fdi 对碳排放效率的直接效应是 0.0026，间接效应是 0.0018，其中间接效应占比为 40.91%。这不但证实 fdi 既会直接影响碳排放效率，也会通过影响技术创新间接影响碳排放效率，而且也说明结论是稳健的。

4. 分样本回归

在研究过程中发现，一些地区经济较为发达，外资引入较多，外资质量较高，会提高当地的技术水平，增加环境友好型企业的比重，最终提高碳排放效率，减少环境污染。另一些地区经济发展较为落后，为了发展经济不惜牺牲生态环境，引入的外资企业中有大量的非环境友好型企业，这些企业会降低碳排放效率，增加地区环境污染。因此，地区经济发展水平对 FDI 引入、技术创新和碳排放效率有不同的作用。中国经济区域发展一直存在东部地区经济发达，其他地区经济发展落后的特点，本小节把总样本数据分为东部地区数据和其他地区数据进行回归，回归结果列于表 5-20 中。

表 5-20　中国不同区域分样本回归结果

变量	东部地区			其他地区		
	co	co	rd	co	co	rd
rd	0.003***			−0.007***		
	（0.001）			（0.001）		
fdi	0.001	−0.004	1.561***	−0.001	0.005***	0.837***
	（0.003）	（0.002）	（0.212）	（0.002）	（0.001）	（0.078）
open	0.006	0.032	−6.811***	−0.068	0.199	35.983***
	（0.033）	（0.034）	（2.714）	（0.203）	（0.211）	（9.931）
industry	0.002	0.001	0.401	−0.071***	−0.101***	−3.986***
	（0.006）	（0.007）	（0.578）	（0.025）	（0.026）	（1.253）
fine	0.068***	0.041***	7.198***	−0.012	0.044***	7.677***
	（0.019）	（0.019）	（1.521）	（0.017）	（0.015）	（0.742）
常数项	1.043***	1.018***	6.564***	0.935***	1.011***	10.271***
	（0.015）	（0.015）	（1.186）	（0.017）	（0.013）	（0.643）
R^2	0.152	0.066	0.402	0.264	0.161	0.577

注：*** 表示在 10% 的水平上显著，括号里的数据代表标准误。

由表 5-20 可知，fdi 对东部地区碳排放效率有正向的影响，但影响系数不显著。fdi 对其他地区碳排放效率有负向的影响，但影响系数不显著。从影响方向可以看出，东部地区吸引了大量技术含量水平较高的 fdi，这会提高东部地区的技术创新水平，提升碳排放效率，改善生态环境。而其他地区则可能是大量非环境友好型 fdi 污染转移的地区，外资企业的进入不但没有促进其他地区技术水平的提升，而且增加了环境污染。fdi 对东部地区和其他地区的研发支出都有正向的影响，说明 fdi 对中国各区域的确存在技术溢出效应，但技术溢出能否改善提升当地技术创新水平、提高碳排放效率则取决于各区域的吸收能力。

五、结论和政策建议

本部分首先使用超效率 DEA 模型测算了中国 30 个省（自治区、直辖市）的碳排放效率值，发现存在地区不平衡现象，首先是东部地区效率值最高，其次是中部地区，再次是西部地区，最后是东北地区。历年效率值呈抛物线形状，2004 年开始逐步上升，达到峰值后开始下降。在此基础上，采用固定效应回归实证检验了 FDI、技术创新和碳排放效率，发现外商直接投资和研发支出都对碳排放效率有正向且显著的影响，外商直接投资对研发支出也有正向且显著的影响。随后的中介效应检验证实了 FDI 不但会直接影响地区的碳排放效率，还会通过影响技术创新进而影响碳排放效率。最后，把总样本划分为东部地区样本和其他地区样本来检验 FDI、技术创新和碳排放效率的区域异质性。

基于以上研究结论，笔者提出以下几点政策建议。

（1）鼓励更多的 FDI 流入。从实证结果可以看出，FDI 流入有利于提高东道国的碳排放效率，说明 FDI 进入中国市场的规模效应小于结构优化效应和技术溢出效应之和。因此应多鼓励外商进入中国市场，带来更加清洁高效的低碳生产技术，通过示范效应和竞争效应倒逼内资企业使用绿色低碳的清洁能源，开展技术创新，最终提升中国的绿色技术水平。FDI 的流入可以改善中国的产业结构。一方面，外资进入会改善行业生产技术，扩大该行业规模，增加其在产业中的比重；另一方面，外资的进入会淘汰落后产能，迫使内资企业对产品进行优化升级，促使产业结构合理化和高级化。

（2）吸引环境友好型外资企业向内陆地区投资。从实证结果可以看出，中西部地区的外资流入有较强的污染转移倾向，这种投资在促进中西部地区经济发展的同时，也带来了严重的环境污染问题。因此，中西部地区应采取措施吸引环境友好型外资企业投资。一方面，中西部地区可以提高环境规制标准，在既定环保标准下使用其他优惠政策吸引更多外资流入。另一方面，中西部地区要大力发展经济，提高对人才的吸引力，做到经济和人力资本的螺旋式上升，从而提升地区吸收能力。吸收能力的提升有助于中西部地区接受更多的 FDI 技术溢出，并转化为自身的技术创新能力，最终提高碳排放效率，降低碳排放。

（3）注重提高自身技术创新水平。从实证结果看，FDI 不但会直接影响地区的碳排放效率，还会通过影响技术创新来影响碳排放效率。因此，东道国自身的技术创新水平对吸收 FDI 技术溢出、促进碳排放效率提升有重要的意义。建议企业把一定资金投入到产品创新和工艺创新中来，通过模仿 FDI 企业的技术提高自身的技术水平。随着环保标准的提升和环保意识的觉醒，企业也应该投入一定资金研发环保技术，提升产品在市场上的竞争力。由于一些新能源技术（如太阳能、风能）的投入资金较多，建议多企业联合进行技术研发，做到环保和生产同时发展。

第六章　中国OFDI的环境效应的实证研究

在对 OFDI 和环境理论分析的基础上，本章对中国 OFDI 的环境效应展开实证研究，主要研究内容包括 OFDI 对能源效率的影响和 OFDI、能源效率与碳排放，研究内容较为具体深入。

第一节　OFDI 影响能源效率的实证研究

本节对 OFDI 影响能源效率展开了研究。首先，测算中国能源效率值，描绘不同省份能源效率的特征；其次，测算 OFDI 的逆向技术溢出效应，对 OFDI 影响能源效率展开了实证研究；最后，提出有针对性的政策建议。

一、引　言

新兴经济体的经济发展具有能源密集的特点，即经济快速增长的同时伴随着巨大的能源消耗。这些国家的能源系统很大一部分是以化石燃料为基础，而化石燃料对环境和经济的可持续发展都具有重要影响。作为世界重要的新兴经济体之一，中国经济总量和能源消耗都增长迅速，但与此同时区域不平衡也成为普遍现象。根据中国统计年鉴的数据，中国能源消耗量从 2004 年的 1970 万吨标准煤大幅增加到 2017 年的 44.9 亿吨标准煤。2017 年，山东省能源消耗量为 38684 万吨标准煤，海南省能源消耗量为 2103 万吨标准煤。能源大量消费导致中国二氧化碳排放量迅速上升，气候变暖，环境污染加剧。区域能源消耗的不平衡不仅扩大了区域经济差距，也给区域环境治理带来了矛盾。能源消耗和环境污染日益成为制约我国经济发展和社会进步的瓶颈。

为了实现各地的和谐可持续发展，中国政府制定了一些提高能源效率和控制温室气体排放的目标。例如，根据《国家应对气候变化规划（2014—2020 年）》，在 2005 年的基础上，到 2020 年碳强度降低 40% ~ 45%，非化石燃料占一次能源消耗比重提高到 15% 左右。这些目标强调了通过提高能源利用效率实现高质量的经济发展的重要性。提高能源效率有助于政府实现减排、可持续发展和能源安全等目标（Goh and Ang，2019）。对企业而言，能源效率的提高可以降低运营成本，扩大对技术的投资，从而提高产品质量和生产率（Arriola-Medellín et al.，2019）。对个人而言，个人可以从能源效率的提高中获得更多的发展机会，这对经济发展具有重要意义（Biilgen et al.，2007），对减少大气污染、提高能源利用效率也具有重大意义。

提高能源利用效率最重要的驱动因素就是技术进步。对于广大发展中国家和新兴经济体而言，OFDI 是其承接国际技术转移与技术扩散的重要形式。由于 OFDI 企业与母国有千丝万缕的联系，它会通过逆向技术溢出向母国传递技术，带动国内企业开展研发投入，提高技术创新水平。OFDI 影响国内能源效率的机制：一方面，OFDI 企业在进入国际市场前，为了突破贸易壁垒的限制，会主动加大节能研发投入，提高能源利用效率，降低生产成本，最终走出国门，参与国际市场竞争；另一方面，OFDI 企业在国际市场竞争的过程中，会采用国际先进的设备，引进节能技术，提高能源利用效率，维护其在国际市场上的地位。技术进步对能源利用效率产生作用的方向和力度相对复杂，原因就是回弹效应的存在（Alberini，2018）。能源回弹效应使技术进步在提高能源利用效率的同时，刺激消费者和生产者产生更多的能源需求，结果可能不会达到能源消耗减少预期，甚至可能增加能源消耗，从而对提升能源利用效率产生负向影响。因此，OFDI 是否对本国能源利用效率带来益处，是学术界尚存在争议的问题。

本部分采用 DEA-TOBIT 两阶段模型对 OFDI 逆向技术溢出影响中国能源利用效率展开研究。本节对中国 OFDI 逆向技术溢出效应做了分析，研究了中国省级技术溢出状况。采用超效率 DEA 模型对中国 30 个省（自治区、直辖市）的能源利用效率进行了测算，分析了 OFDI 逆向技术溢出对中国能源利用效率的影响，并比较了东、中、西部地区影响的差别。

二、文献综述

本小节研究两个关键变量：OFDI 和能源效率。在对以往研究文献进行归纳概括时，分别从能源效率的测量、技术进步与能源效率、OFDI 与母国技术进步三个方面展开分析。

（一）能源效率的测量

关于能源效率，学界并没有清晰的定义，在测量指标上也有所不同。世界能源委员会在 1995 年出版的《应用高技术提高能效》中，把"能源效率"定义为减少提供同等能源服务的能源投入。一个国家的综合能源效率指标是增加单位 GDP 的能源需求，即单位产值能耗。国内外文献对能源效率的测量有两种方式。第一种是指数测量。最早的测量是基于物理学的范畴，使用单位能耗衡量能源效率（Farla and Blok，2000）。后来学者大多采用能源强度测量能源效率。能源强度指的是单位有效产出的能源消耗量，能源强度的减少意味着能源利用效率的提高（Cahill and Gallachóir，2012）。也有学者采用能源强度的倒数能源生产率测量能源效率，能源效率与能源生产率成正比。提高能源效率的目的就是节能，能源强度指标不但反映了能源节约情况，也反映了经济结构变换。一些学者基于能源强度指标，进一步采用指标分解方法将能源效率进行结构分解，提出针对性的能源政策建议（Abeelen et al., 2019）。能源强度被视为衡量能源效率的指标，是基于把能源产出比的变化归因于能源生产率提高的时候。许多情况下，能源产出比的变化通常源于其他的因素（Gamtessa and Childs, 2019）。这时学者们会采用第二种测量能源效率的方式来衡量能源效率。

第二种测量能源效率的方式是模型估计。模型估计方法是基于经济理论，构建模型描述能源投入与相关指标的关系，它考虑了能源消耗与劳动力、资本等其他生产要素的共同作用。模型估计的方法有两种，一种是参数方法，另一种是非参数方法。常见的参数模型通常采用柯布－道格拉斯生产函数形式，结合 SFA 方法对能源效率进行测算。Hu 和 Honma（2014）采用 SFA 方法对 OECD 能源效率进行了比较分析，结果显示超过半数的行业在低效率趋势上变化不大，但建筑业、造纸业和纺织业的低效率显著增加（效率下降），金属业是唯一一个低效率下降（效率提高）的行业。在使用 SFA 方法分析印度造纸行业的能源效率时，Haider 和 Bhat（2018）发现提高能源利用效率的潜力巨大，低效率效应模型显示产业结构和资本密集度对能源效率有正向影响，而劳动生产率对能源效率没有显著影响。

常用的非参数方法是 DEA 方法。DEA 方法最早由 Charnes 等（1978）提出，用于评估一组同质决策单元的效率，其中一个或多个输入被消耗会产生一个或多个输出。它的主要思想是在保证所有其他决策单元的比率不超过 1 的前提下，使所考虑的决策单元的加权输出之和与加权输入之和的比率最大化。DEA 模型包含非径向效率和径向效率，分别由 SBM（slack-based measurement）模型（Tone, 2002）和 CCR（charnes-cooper-rodes）模型（Charnes et al., 1978）表示。现阶段，DEA 方法已经应用到数学、管理科学、运筹学、能源领域等不同的领域。国家层面的研究有 Xiao 和 Mei（2019），Rakshit 和 Mandal（2020）的研究。产业层面的研究有 Tang 等（2018）对旅游业的研究，Abbas 等（2020）对巴基斯坦农业的研究。

传统 DEA 方法只能对有效的 DMU（效率值为 1）进行分析，而无法对无效的 DMU（效率值＞1）进行分析。为了克服 DEA 的缺点，Andesen 和 Petersen（1993）提出了超效率 DEA 方法。该方法将决策单元本身排除在决策单元的集合之外，即用其余决策单元投入产出指标的线性组合来代替此决策单元的投入与产出，克服了传统 DEA 模型只能区分有效和无效 DMU，不能对有效 DMU 进行比较和排序的缺点。Ervural 等（2018）在分析土耳其能源效率时，首次尝试采用 OLS 回归和超效率 DEA 模型揭示影响能源效率的环境变量。超效率 DEA 模型分析结果显示，雅洛瓦、基利斯、伊格迪尔、伊兹密尔、古木珊、库塔亚、卡马拉斯、巴特曼、加济安泰普、埃拉齐格和舍尔纳克这些地区能源效率最高，其次是爱琴海地区和安纳托利亚东南部地区。可能的原因是这些地区技术水平高，可再生资源利用的潜力大。Gökgöz 和 Erkul（2019）采用超效率模型比较分析了欧洲国家和地区的能源效率，发现东欧、波罗的海国家和欧盟 13 国（EU-13）的能源效率较低，北欧、西欧、南欧、斯堪的纳维亚半岛和欧盟 15 国的能源效率较高。可能的原因是东欧、波罗的海国家和欧盟 13 国（EU-13）由于技术水平不高，不能适应欧盟的能源政策，而北欧、西欧、南欧、斯堪的纳维亚半岛和欧盟 15 国能较好地适应欧盟的能源政策。他们建议欧洲国家降低对化石能源的依赖，加快能源方面的立法，实现清洁气候和清洁能源目标。东欧、波罗的海国家和欧盟 13 国（EU-13）也应积极提高技术水平。

（二）技术进步与能源效率

长期以来，技术进步对能源效率的影响研究就是一个热门的话题。许多学者发现提高能源效率的主要驱动因素是技术进步，技术水平的倒退则阻碍能源效率的改善（Huang et al.，2017）。技术进步有长期和短期之分，从长期来看，技术创新和技术改进是促使技术进步的主要因素；从短期来看，技术扩散则对技术进步有重要的影响（Jacobsen，2000）。技术创新的衡量指标较为宽泛，R&D 支出、专利数量和全要素生产率都是衡量技术创新的指标。Inglesi-Lotz（2017）在对 G7（七国集团的简称）国家的研究中发现，在能源效率和核能方面的研发投资能产生较高的社会效益，但对化石燃料的投资则产生相反的结果。这表明，能源政策投资在各国情况不同，适合一个国家的不一定适合另一个国家，但国家应扩大对能源领域的研发。

产业部门的研发创新会提高能源效率，这种提高不仅指能源节约和技术效率的提高，还包括产业结构的变化。能源结构与产业结构密切相关。一个国家从工业初级阶段发展到工业中期阶段，劳动密集型轻工业比重下降，高能耗、高原料消耗的重化工比重增加。资源密集型产业的扩张可能降低能源效率，这要求政府支持企业的创新活动，提高企业的技术水平，促进产业结构的优化升级。产业结构的变动反过来会促使产业技术做出改进（Qi and Zhou，2020）。对新兴经济体国家而言，能源与环境问题主要来自工业化早期粗放式的经济发展所付出的代价，并随着经济发展水平的提高而凸显出来。因此，技术进步在能源效率中的作用更加明显。Huang 等（2017）在对中国的研究中发现，在影响能源效率的四大技术要素中，研发是最强有力的工具，研发资本存量每增加 1%，能源强度下降约 0.07%。此外，外资和贸易的技术溢出也对中国能源效率有重要的影响。

由于企业生产率是企业技术升级、管理模式改进、产品质量提高、企业结构升级的综合体现，而任何现实的生产率实际上都是全要素生产率，一些学者从全要素生产率的角度研究技术进步对能源效率的影响。能源只是一种生产要素，本身并不会带来任何产出，必须与其他生产要素相结合。当能源要素从低生产率或生产率增长较低的部门向高生产率或生产率增长较高的部门转移时，就会导致总的经济实体能源效率的提高。能源效率的提高依赖于全要素生产率的提高（Boyd and Pang，2000）。在研究生产率与能源效率的关系时，大多数学者采用全要素能源效率这一指标。Li 和 Hu（2012）基于 SBM 模型比较分析了中国的全要素能源效率和生态全要素能源效率，发现中国区域生态全要素能源效率水平较低，约为 0.6。如果不考虑环境影响，区域能源效率可能被高估超过 0.1。我国区域生态全要素能源效率极不平衡：东部地区最高，为 0.7，东北和中部地区紧随其后，西部地区的能源效率最低，低于 0.5。研发支出占 GDP 的比例越高，对外依存度越高，生态全要素能源效率越高。产业结构对生态全要素能源效率有负面的影响。

在技术溢出影响能源效率的研究中，有的探讨技术预期和扩散项目对能源效率的影响，也有的探讨技术溢出过程对能源效率的影响（Jacobsen，2000）。共享和合作项目对技术溢出的作用非常明显，可以把有关改进能源效率的措施在组织间进行共享，在更广泛角度提供有关能源使用和能源效率的信息，这对建设一个更节能的社会非常重要（Borg and von Knorring，2019）。外商直接投资在降低中国能源消耗方面发挥着重要作用。跨国公司带来的先进技术和管理专业知识的扩散以及它们对当地企业的示范效应，促使能源强度下降。进口贸易对能源强度有负向的影响，因为当地企业可以通过模仿并改进进口商品的生产技术，通过技术外溢降低能源强度（Huang et al.，2017）。此外，外商投资企业与母国有千丝万缕的联系，外商投资企业也可以通过逆向技术溢出，对本国的能源行业产生影响（Zhao et al.，2020）。

（三）OFDI 与母国技术进步

早期的研究发现了国际贸易的跨国技术溢出的存在（Coe and Helpman，1995）。基于 Coe 和 Helpman（1995）的分析框架，Potterie 和 Lichtenberg（2001）进一步选取发达国家 OFDI 数据，发现对外直接投资存在逆向技术溢出效应，有利于母国技术水平的提高，特别是东道国是研发密集丰裕型国家时。Driffield 和 Love（2003）在对英国制造业的研究中，发现国内部门产生的技术会外溢到外国跨国企业，但这种影响仅限于研发相对密集型的部门，而且这些溢出效应会受到产业空间集中度的影响。这证实了 OFDI 逆向技术溢出效应的存在。Chen 等（2012）采用发展中国家的数据进行了实证研究，发现发展中国家企业对外投资时存在知识寻求型动机，这些跨国企业投资于技术资源丰富的东道国市场，有助于本企业技术水平的提高。因为子公司会通过逆向技术溢出效应影响母公司，增加母公司在国内的研发支出。

大部分有关 OFDI 的逆向技术溢出效应的研究方向是新兴市场国家对发达国家的 OFDI 对母国技术进步的影响，且研究文献较少。除了 OFDI 逆向技术溢出效应的存在性外，一些学者也对 OFDI 逆向技术溢出效应的方向性开展了研究。大多数学者认为 OFDI 对母国技术进步有正向的影响。跨国企业借助在发达国家的对外直接投资，通过示范效应、链接效应、竞争效应和人员流动效应等开展技术模仿和技术改进，提升跨国企业的技术研发水平，进而推动整个母国生产率水平的提高（Piperopoulos et al.，2018）。并购是企业进行对外投资扩张的手段之一，新兴市场经济国家可以通过并购获得与核心业务或技术相关的新技术，以弥补其技术劣势，改善其技术组合，增强竞争力（Dunlap et al.，2016）。印度汽车行业发展迅速，其绿地投资和并购不断增加，大型跨国企业在进行新的对外直接投资和战略收购时，会成为跨境知识流动的来源者和接受者，它们在获得国外的技术和市场信息的同时，也开展较多的研发活动。合资方式的对外直接投资往往对国内研发更加有利，因为它为企业获得更开放和更广泛的知识资源提供了重要的途径（Pradhan and Singh，2008）。

也有学者发现 OFDI 与母国技术进步关系不确定，因为对外直接投资与母国研发既存在互补效应，也存在替代效应（Chen and Yang，2013）。Zhou 等（2019）研究了 OFDI 的方向性，发现新兴经济体国家 OFDI 逆向溢出母国有三种渠道：母国、供应商和客户。新型经济体对外投资对国内绿色 TFP（即绿色全要素生产率）有正向的影响，但影响程度较小，可能的原因是投资省份吸收能力不足，如果各省最大限度地使用绿色技术，加强地方环境法规，可能会提高 OFDI 的逆向技术溢出效应。由此可知，母国本身的吸收能力对 OFDI 的技术溢出效果有重要的影响。Tang 和 Altshuler（2014）使用企业层面的数据研究美国跨国公司对本国企业的溢出效应，发现跨国公司对本国有技术溢出效应，且吸收能力在技术溢出中起着关键的作用。无论是低生产率还是高生产率的企业都可能享受到这种溢出效应，可能的原因是生产率水平低的公司有更大的增长潜力，生产率水平高的公司更有能力采用跨国公司的复杂技术。

此外，母国自身的其他因素也对 OFDI 的逆向技术溢出效应有重要的影响。Li 等（2016）发现新兴经济体 OFDI 对国内创新绩效有正向的影响。调节变量吸收能力、IFDI 和当地市场的竞争强度会影响 OFDI 对创新绩效的作用，其中，区域吸收能力在促进本地创新者学习跨境投资方面有正的调节作用，而国内竞争强度对对外直接投资对区域创新绩效的逆向知识溢出具有负的调节作用。IFDI 和 OFDI 都对一国的技术溢出有重要的影响，两者之间存在互补关系。Amann 和 Virmani（2015）基于 Potterie 和 Lichtenberg（2001）的分析框架，研究 OECD 对新兴经济体国家 IFDI 的技术溢出效应和新兴经济体对 OECD 国家对外直接投资的逆向技术溢出效应，发现 OFDI 逆向技术溢出效应小于 IFDI 技术溢出效应。可能的原因是发达国家在进行技术创新时会通过 IFDI 和 OFDI 方式对发展中国家进行技术扩散，但由于发展中国家较低的技术水平，不能对 OFDI 的逆向技术溢出予以很好的消化吸收。

总之，以往文献对能源测量开展了大量研究，对技术进步和能源效率开展了少量的研究，对 OFDI 逆向技术溢出和母国能源效率的研究文献更少。对中国而言，大部分相关研究是基于定性分析而不是定量分析，且绝大部分是从行业层面对能源效率做估计，从区域层面开展的研究较少。因此，本小节对中国区域能源效率进行了实证研究并提出了相关建议，希望能对优化中国产业结构，促进能源、环境和经济的和谐发展提供一定的借鉴。

三、研究方法

在开展实证分析前，本部分首先介绍了实证研究所使用的方法，采用超效率 DEA 方法对能源效率进行了测量；然后列出了实证研究所使用的数据的来源，明确了实证分析所使用的数据的出处。

（一）超效率 DEA 模型

假设每一个省份为一个决策单元，设有 s 个决策单元 DMU$\{$DMU$_j$: 1, 2, $\cdots$, $s\}$，有 m 种投入变量和 n 种产出变量，$x_{ij}(i = 1, 2, 3, \cdots, m)$ 为第 j 个省份的第 i 种

类型输入的投入变量，$y_{rj}(r=1,2,3,\cdots,n)$ 为第 j 个省份的第 r 种类型输出的产出变量。这里投入指标和产出指标的选择标准是投入指标应包括所有的对产出有影响的因素，产出指标应反映所有生产所能达到的有用结果，但是在选择投入产出数据时，应尽可能将可完全替代的因素或可完全互补的因素归入同类，即应尽可能减少不同因素之间替代或互补关系的存在。构建模型如下

$$\min \theta$$

$$\text{s.t.}\begin{cases} \sum_{j=1}^{s}\lambda_j x_{ij} \le \theta x_{ij_0}, i=1,2,3,\cdots,m \\ \sum_{j=1}^{s}\lambda_j y_{rj} \ge y_{rj_0}, r=1,2,3,\cdots,n \\ \lambda_j \ge 0, j=1,2,3,\cdots,s \end{cases} \tag{6-1}$$

其中，$\lambda_1,\lambda_2,\cdots,\lambda_3$ 是决策变量；θ 为整体效率，其值越大表示整体效率越高；m 和 n 分别表示投入和产出指标的个数。

引入松弛变量 s_i^- 和 s_r^+，于是式（6-1）可以进一步演变为如下形式：

$$\min \theta - \varepsilon\left(\sum_{i=1}^{m}s_i^- + \sum_{r=1}^{n}s_r^+\right)$$

$$\text{s.t.}\begin{cases} \sum_{j=1}^{s}\lambda_j x_{ij} + s_i^- = \theta x_{ij_0}, i=1,2,3,\cdots,m \\ \sum_{j=1}^{s}\lambda_j y_{rj} - s_r^+ = y_{rj_0}, r=1,2,3,\cdots,n \\ \lambda_j, s_i^-, s_r^+ \ge 0, j=1,2,3,\cdots,s \end{cases} \tag{6-2}$$

其中，ε 为非阿基米德无穷小量；s_i^- 为投入冗余量；s_r^+ 为产出不足量。

对于同时多个有效的决策单元 DMU（效率值为 1），超效率 DEA 模型在评估时，将该决策单元本身排除在决策单元的集合之外。因此式（6-2）可以改为如下形式

$$\min \theta - \varepsilon \left(\sum_{i=1}^{m} s_i^- + \sum_{r=1}^{s} s_r^+ \right)$$

$$\text{s.t.} \begin{cases} \sum_{\substack{j=1 \\ j \neq k}}^{s} \lambda_j x_{ij} + s_i^- = \theta x_{ik_0}, i = 1, 2, 3, \cdots, m \\ \sum_{\substack{j=1 \\ j \neq k}}^{s} \lambda_j y_{rj} - s_r^+ = y_{rk}, r = 1, 2, 3, \cdots, n \\ \lambda_j, s_i^-, s_j^+ \geqslant 0, j = 1, 2, 3, \cdots, s \end{cases} \quad （6\text{-}3）$$

（二）数据处理与选择

本小节的样本数据是中国省级层面数据，西藏自治区、香港、澳门、台湾数据不全，不包括在样本内。本小节数据来源于 2004—2017 年《中国统计年鉴》、《中国科技统计年鉴》、《中国对外投资公报》、《中经网统计数据库》、世界银行和联合国贸发会议数据库。在已有文献的基础上，综合考虑中国能源消耗特点和地区开放经济发展水平，估计各省份历年超效率值（dea）。选取投入指标为资本（X_1）、劳动（X_2）和能源（X_3）。产出指标为 GDP（Y_1）、SO_2（Y_2）和工业废水（Y_3）。投入指标和产出指标列于表 6-1 中。其中，资本以每年各省份的固定资本投资存量来衡量，固定资本投资存量以 2004 年为基期，运用固定资本形成额指标进行折算，估算方法是永续盘存法，计算公式为 $K_{jt}=K_{jt-1}(1-\delta_{jt})+I_{jt}$。其中，$K_{jt}$ 代表第 j 个省第 t 年的资本存量；I_{jt} 代表第 j 个省第 t 年的固定资本形成总额；δ_{jt} 代表第 j 个省第 t 年的固定资本折旧率。劳动投入按照各省历年从业人员数量衡量；能源投入以各省份历年能源消耗量来衡量；GDP 以各省份历年地区生产总值表示，以 2004 年为基期，运用 GDP 平减指数进行折算；SO_2 以二氧化硫排放量表示；工业废水以废水排放总量表示。

表 6-1　能源效率投入指标和产出指标

类别	指标名称	测量方法
投入指标	资本 (X_1)	固定资本投资存量
	劳动 (X_2)	从业人员数量
	能源 (X_3)	能源消耗量
产出指标	GDP(Y_1)	GDP
	二氧化硫 (Y_2)	二氧化硫排放量
	工业废水 (Y_3)	废水排放总量

数据来源：2004—2017 年《中国统计年鉴》。

本小节以中国对外直接投资获得的国外研发资本存量来衡量中国对外直接投资的逆向技术溢出效应（ofdi）。计算公式为：$S_{ft} = \sum \dfrac{\text{ofdi}_{ft}}{k_{ft}} S_{ft}^d$。其中，$S_{ft}$ 表示第 t 年中国向 f 国对外直接投资获得的国外研发资本存量，该指标越大，逆向技术溢出效应越大；ofdi_{ft} 表示第 t 年中国向 f 国的对外直接投资存量；k_{ft} 表示第 t 年 f 国的固定资本形成总额；S_{ft}^d 表示第 t 年 f 国的国内研发资本存量，按照永续盘存法计算获得。用各省份对外直接投资获得的国外研发溢出量衡量各省份对外直接投资的逆向技术溢出效应，计算公式为：$S_{jft} = \rho S_{ft}$。其中，S_{jft} 指第 t 年 j 省份对外直接投资获得的逆向技术溢出效应；ρ 指各省份对外直接投资额与中国对外直接投资的比重；S_{ft} 指第 t 年中国对外直接投资逆向技术溢出效应。

基于本小节的研究目标，结合以往相关文献，将专利、能源结构、产业结构、人力资本、城镇化水平、财政支出和对外开放度作为控制变量加入模型中。其中，专利（patent）用专利授予量表示；能源结构（energy）用各省煤炭消费占能源消耗总量的比例表示；产业结构（industry）以各省第二产业产值占总产值的比重衡量；人力资本（human）采用高中毕业人数占总人数之比表示；城镇化水平（urban）以各省份城镇人口占总人口的比重表示；财政支出（fined）以各省财政支出占 GDP 比重表示；开放程度（open）使用各省商品进出口总额占当期各省国民生产总值的比重来衡量，建立 Tobit 回归方程如下

$$dea_{it}=\alpha+\beta_1 ofdi_{it}+\beta_2 patent_{it}+\beta_3 energy_{it}+\beta_4 industry_{it}$$
$$+\beta_5 human_{it}+\beta_6 urban_{it}+\beta_7 fined_{it}+\beta_8 open_{it}+\mu_t \qquad (6-4)$$

其中，i 代表省市；t 代表年份；α、β_1、β_2、β_3、β_4、β_5、β_6、β_7、β_8 为回归系数；μ 为残差。

四、实证结果

在介绍了研究方法和数据来源的基础上，本部分列出了实证检验的结果，包括区域能源效率测量，分析了其时空差异的特征；包括 OFDI 对能源效率的影响，列出了回归分析结果。

（一）区域能源效率时空差异分析

基于超效率 DEA 模型，计算得到中国 2004—2017 年的能源效率值，列于表 6-2 和表 6-3 中。表 6-2 是 2004—2010 年中国能源效率值，表 6-3 是 2011—2017 年中国能源效率值。综合来看，全国能源效率值波动不明显，近几年来有下降趋势。能源效率有两次明显的波动，第一次是 2008 年金融危机时，此次危机对我国的 GDP 造成了较大的冲击，对我国能源消耗也造成了较大的影响。第二次是 2011 年我国"十二五"规划的开局之年，这年政府进一步完善了节能减排和环境保护政策。

表 6-2 2004—2010 年中国不同区域能源效率值

地区	省（自治区、直辖市）	各年份能源效率值						
		2004 年	2005 年	2006 年	2007 年	2008 年	2009 年	2010 年
东部	北京	0.966	1.002	1.005	1.011	1.015	1.022	1.021
	天津	1.030	1.045	1.045	1.053	1.017	1.034	1.030
	河北	1.011	1.006	1.005	1.003	1.003	0.988	0.999
	上海	0.998	1.005	1.003	1.004	1.001	0.999	0.998
	江苏	1.000	0.995	0.993	0.994	0.994	0.995	0.996
	浙江	0.992	0.998	0.997	0.998	1.001	1.001	1.003
	福建	1.014	1.007	1.006	1.007	1.003	1.006	1.002
	广东	1.006	1.030	1.030	1.030	1.027	1.023	1.020
	海南	1.004	1.007	1.011	1.000	1.010	1.009	1.012
	山东	0.989	0.985	0.988	0.990	0.995	0.993	0.990

续表

地区	省(自治区、直辖市)	各年份能源效率值						
		2004 年	2005 年	2006 年	2007 年	2008 年	2009 年	2010 年
中部	山西	0.994	1.001	0.998	0.996	0.999	0.993	0.996
	安徽	0.989	0.985	0.987	0.987	0.994	0.996	0.995
	江西	1.003	1.006	1.005	1.005	1.005	1.011	1.012
	河南	0.996	0.997	0.997	0.997	0.999	0.989	0.987
	湖北	0.992	0.978	0.980	0.985	0.989	0.987	0.990
	湖南	1.002	0.998	0.998	0.999	1.000	1.007	1.008
西部	广西	1.048	1.055	1.049	1.071	1.078	1.053	1.054
	内蒙古	0.985	0.997	1.000	1.000	1.000	1.005	1.003
	重庆	1.006	1.001	0.991	0.986	0.985	0.987	0.990
	四川	0.993	0.988	0.988	0.988	0.990	0.991	0.994
	贵州	1.027	1.019	1.021	1.020	1.022	1.026	1.025
	云南	0.980	0.975	0.976	0.970	0.976	0.978	0.976
	陕西	0.974	0.982	0.985	0.985	0.987	0.999	1.001
	甘肃	1.001	1.003	1.003	1.002	0.998	0.995	1.000
	青海	1.003	0.989	1.004	0.991	0.994	1.010	0.996
	宁夏	1.096	1.098	1.073	1.097	1.113	1.061	1.070
	新疆	0.964	0.963	0.966	0.967	0.972	0.970	0.981
东北	辽宁	0.974	0.978	0.979	0.978	0.978	0.977	0.980
	吉林	0.974	0.984	0.986	0.987	0.982	0.978	0.974
	黑龙江	1.015	1.000	0.998	0.995	0.995	0.984	0.986

"十二五"期间，我国将减排目标定为单位 GDP 能耗减少 16%，主要污染物（二氧化碳、二氧化硫等）排放总量下降 8%~10% 的总体目标。为了实现国家的节能减排目标，各省（自治区、直辖市）纷纷出台各种地方性政策。企业为了实现减排目标，限制了一些高能耗、高污染产业的发展，但同时也大大削弱了地区经济发展水平，反而对能源效率的提升造成了负面的影响。

表6-3　2011—2017 年中国不同区域能源效率值

地区	省(自治区、直辖市)	各年份能源效率值						
		2011 年	2012 年	2013 年	2014 年	2015 年	2016 年	2017 年
东部	北京	1.032	1.030	1.037	1.038	1.048	1.049	1.048
	天津	1.017	1.019	1.032	1.037	1.037	0.992	0.991
	河北	1.000	0.998	0.995	0.995	0.990	0.980	0.987
	上海	0.996	0.996	0.998	1.001	1.003	1.000	1.001
	江苏	0.993	0.994	0.991	0.994	0.996	0.998	1.000
	浙江	0.991	0.991	0.991	0.991	0.991	0.992	0.994
	福建	0.995	0.991	0.995	0.994	0.994	0.991	0.992
	广东	1.016	1.013	1.012	1.012	1.012	1.014	1.013
	海南	1.051	1.041	1.040	1.048	1.043	1.078	1.078
	山东	0.990	0.990	0.992	0.995	0.996	0.990	0.989
中部	山西	0.996	0.991	0.985	0.978	0.973	0.982	0.982
	安徽	1.000	1.000	1.000	0.998	0.996	0.995	0.998
	江西	1.027	1.029	1.021	1.019	1.022	1.009	1.005
	河南	0.984	0.981	0.978	0.976	0.975	0.965	0.968
	湖北	0.994	0.993	0.994	0.994	0.994	0.991	0.991
	湖南	1.004	1.004	1.004	1.003	1.002	1.008	1.006
西部	广西	0.988	0.988	0.990	0.993	0.993	0.983	0.980
	内蒙古	1.004	1.000	0.989	0.983	0.980	0.989	0.977
	重庆	0.987	0.989	0.992	0.993	0.994	1.001	1.006
	四川	0.996	0.998	0.998	0.998	0.997	1.000	1.003
	贵州	1.012	1.014	1.012	1.015	1.022	1.028	1.040
	云南	0.985	0.979	0.975	0.977	0.995	1.004	0.995
	陕西	0.998	0.998	0.994	0.995	0.992	0.979	0.983
	甘肃	1.002	1.001	0.996	0.994	1.000	0.990	0.988
	青海	1.016	1.020	1.000	1.025	1.044	1.009	1.021
	宁夏	1.042	1.047	1.054	1.049	1.042	1.045	1.053
	新疆	0.984	0.983	0.985	0.978	0.968	0.972	0.967
东北	辽宁	0.984	0.984	0.985	0.985	0.988	0.963	0.968
	吉林	0.978	0.979	0.980	0.985	0.991	0.995	0.994
	黑龙江	0.990	0.988	0.985	0.986	0.987	0.975	0.972

从东、中、西、东北部分区域来看，2011 年后，西部地区的能源效率远远落后于东部地区。原因可能是东部地区是中国经济增长的重点区域，为了追求经济发展目标，消费了大量能源，但忽视了能源效率的提升。"十二五"期间国家实施的节能减排和环境保护政策，使东部地区意识到环境保护和可持续发展的重要性，逐渐摆脱了过去的粗放式经济增长，在向集约式经济转变的同时，提升了能源效率。

东部区域内的各省（直辖市）的表现也存在明显差异。广东省的能源效率是东部省市中最高的，在所有年份的效率值都超过 1。其次是天津和北京，均值分别为 1.027 和 1.023。海南和山东虽然能源效率的均值大于 1，但部分年份处于能源效率小于 1 的状态。河北省的能源效率在东部区域中处于最低水平，均值只有 0.978，低于全国平均水平，这与它的区域位置有一定的关系。河北的很多城市与北京接壤，北京为了防止工业等污染，将很多产业布局在与其相邻的河北境内的城市，从而增大了河北的资源消耗，由于技术等原因导致河北较大的资源消耗却处于较低的能源效率水平。中部地区能源效率波动不明显，相对比较稳定。江西和湖南的能源效率值较大，超过了 1。其他省份能源效率值低于 1。西部地区能源效率均值大于 1 的有广西、贵州、青海和宁夏四个省级行政区。这四个省级行政区中，下降明显的有广西和宁夏。能源效率均值小于 1 的陕西、甘肃和新疆近几年来也下降明显。随着新一轮的重工业、高耗能企业的内迁转移，以及国家出台更为严格的节能减排政策，会给西部能源效率的改善带来更大的压力。东北地区能源效率值最高的是黑龙江省，其次是吉林省，辽宁省的能源效率值最低。

（二）OFDI 对能源效率的影响分析

在了解能源效率的时空特点后，本部分采用 Tobit 回归方法研究 OFDI 对能源效率的影响。其中，被解释变量为 2004—2017 年各省份的能源效率值，解释变量有 OFDI 技术溢出效应，专利、煤消费量所占比例、产业结构、人力资本、城镇人口比率、财政支出占 GDP 比重和开放程度。首先进行描述性统计，结果如表 6-4 所示。面板 Tobit 模型回归结果见表 6-5。

表 6-4　2004—2017 年各省份能源的描述性统计

变量	样本量	均值	标准差	最小值	最大值
ofdi	420	11.084	1.929	5.201	15.755
patent	420	9.081	1.636	4.248	12.714
energy	420	0.65	0.188	0.066	1.144
industry	420	0.467	0.081	0.191	0.614
human	420	0.079	0.046	0.0232	0.312
urban	420	3.924	0.261	3.249	4.495
fined	420	0.213	0.094	0.076	0.626
open	420	0.243	0.229	0.011	1.056

表 6-5　面板 Tobit 模型回归结果

变量	模型（1）	模型（2）	模型（3）
ofdi	0.014***	0.014***	0.015***
	（0.01）	（0.01）	（0.01）
patent	−0.025***	−0.026***	−0.017**
	（0.01）	（0.01）	（0.01）
energy	−0.014***	−0.015***	−0.017***
	（0.00）	（0.01）	（0.01）
industry		0.014**	0.016***
		（0.01）	（0.01）
human		0.019	0.028
		（0.02）	（0.03）
urban			−0.014**
			（0.01）
fined			0.017*
			（0.01）
open			0.005
			（0.01）
常数项	0.709***	0.703***	0.745***
	（0.01）	（0.01）	（0.02）
rho	0.711	0.675	0.682
Wald	30.08***	19.42***	22.99***

注：***、**、和 * 分别表示在 1%、5% 和 10% 的水平上显著，括号中的数值为标准误。

表 6-5 显示了面板 Tobit 模型的回归结果，模型（1）至模型（3）为逐步加入变量的面板 Tobit 模型回归结果，随着变量逐个加入，大多数变量在加入其他变量后其回归系数正负号及大小并未发生显著变化。具体分析如下。

第一，模型（1）和模型（3）的研究结果都说明 OFDI 逆向技术溢出效应对能源效率有正向的影响。2004—2017 年，中国非金融类对外投资存量年均增长率为 43.76%。对外投资的繁荣发展不但有利于中国产业结构的升级改造，也有利于获得东道国先进的技术，提高国内生产率。发达国家率先实现了国内产业结构高度化，它的对外投资为各微观经济主体建立国际生产体系创造了有利的条件。与发达国家相比，发展中国家的对外投资并不具备国内产业结构高度化的优势，它要通过国际生产体系的建立来推动国内产业结构的高度化，即通过开展对外直接投资来带动本国产业结构的重组和优化。发展中国家的对外投资并不具备垄断竞争优势或所有权优势，其对外投资的动机是战略资产寻求型。其中，技术寻求型投资就是发展中国家战略资产寻求型投资中的一种。发展中国家的跨国企业通过雇佣东道国的研发人员，跟踪技术前沿信息，获取先进知识或与当地研发机构合作研发等方式主动获得逆向技术溢出效应，可以克服技术溢出效应随空间距离增加而减弱的缺点。发达国家具有先进的能源技术和严格的能源使用标准，发展中国家跨国企业在对外投资过程中，会学习发达国家的能源技术，节能减排。子公司的能源节约、能源效率提升也会促使母国公司提升能源节约技术，提高能源效率，因为能源效率的改善本身也会为跨国公司带来可观的经济和社会效益。

第二，专利对能源效率有负向的影响。主流文献几乎都认为，无论是自主创新还是技术引进所带来的技术进步都会通过提高生产率来提升能源效率。大量文献也把专利作为衡量技术创新的一个重要指标（Geum and Kim，2020）。事实上，专利与将专利转化为生产率之间存在较大的差距，专利不一定会促进生产率的提高（Porter and Stern，2000）。中国从计划经济向市场经济转轨的过程中，市场成为资源分配的主导机制。市场化给企业更多的经营自主权，企业改革刺激管理人员采用新技术以降低成本，促进企业的自主创新。自 2005 年，中国专利申请量和授权量大幅增加，但与此同时，也存在发明专利比重低和专利成果转化率不高的问题。专利的技术创新效率低，对 TFP 的影响不显著。

另外，回弹效应的存在很可能导致"扩张能源消耗、降低能源效率"的负向作用超过了"降低能源消耗、提升能源效率"的正向影响。能源效率的提高短期内可以节约能源的使用，长期则会导致更高的能源消耗。Broberg 等（2015）基于可计算的一般均衡模型模拟了瑞典的能源回弹效应，发现其为 40% ~ 70%。Jin（2007）采用韩国的数据发现，在宏观层面，回弹效应的长期和短期结果估计分别为 30% 和 38%；在微观层面上，空调的回弹效应为 57% ~ 70%，而冰箱表现出回弹和收入效应的综合效应。Lin 和 Liu（2015）发现中国城市住宅建筑的能源回弹效应为 66.5% ~ 88.5%，且呈上升趋势，农村住宅的能源回弹效应为 127.0% ~ 236.3%，且呈下降趋势。能源回弹效应的普遍存在使技术进步加大了能源消耗，不利于能源节约，对能源效率有不利的影响。

第三，产业结构对能源效率有正向的影响。改革开放以来，我国产业结构发生了重要变化。根据中国统计年鉴，第二产业增加值的比重由 2004 年的 45.9% 降低为 2017 年的 39.9%，第三产业增加值的比重由 2004 年的 41.2% 增加到 2017 年的 52.7%。第二产业中，我国轻工业取得了长足进展，很多省份改变了原来重工业主导的局面。工业部门能源消耗高的产业，如纺织业、造纸业、石油加工及炼焦业、化学原料及化学制品制造业、非金属矿物制品制造业、黑色金属冶炼及压延加工业、有色金属冶炼及压延加工业，由 2004 年的 41.67% 下降为 2017 年的 36.23%。同时快速的经济增长也推动了第三产业的发展，这些都有利于降低能源消耗，提高能源效率。财政支出对能源效率有正向的影响。地方财政支出的扩大，使地方政府有足够的资金进行一些税费优惠政策与倾斜性财政支持政策安排，为企业进行技术创新、引进技术等提供研发资金。企业在技术改造的同时，促使了产业结构的优化，提高了生产率和市场竞争力，从而降低了能源消耗。能源结构对能源效率有负向的影响。笔者用煤炭消费量占能源总消费量的比重衡量能源结构，很明显能源结构指标越大煤炭消费量越多，煤炭比例过大和燃煤技术落后，造成我国能源效率低下。中国富煤少油的能源禀赋格局决定了未来一段时间内中国煤炭消费量及其比例还会略有增加，因此采用节能技术提高煤炭利用效率对于提高能源利用效率具有重要意义。

进一步把中国各省份按照所在区域划分为东部、中部和东北地区、西部地区来进行分样本回归。分样本回归结果列于表 6-6 中。

表 6-6　面板 Tobit 模型分样本回归结果

变量	东部地区	中部和东北地区	西部地区
ofdi	0.023**	0.011**	−0.002
	（0.009）	（0.005）	（0.011）
patent	−0.021	−0.001	−0.026
	（0.013）	（0.011）	（0.021）
energy	−0.006	−0.001	−0.018*
	（0.011）	（0.008）	（0.009）
human	0.052	0.055	−0.014
	（0.039）	（0.036）	（0.054）
industry	−0.002	0.051***	−0.009
	（0.016）	（0.007）	（0.017）
urban	−0.021**	−0.017**	0.006
	（0.011）	（0.007）	（0.014）
fined	0.049*	−0.007	0.017
	（0.025）	（0.023）	（0.015）
open	0.018***	−0.017	−0.015
	（0.006）	（0.012）	（0.021）
常数项	0.759***	0.721***	0.711***
	（0.035）	（0.023）	（0.041）
rho	0.521	0.775	0.729
Wald	30.00***	95.18***	12.26***

注：***、** 和 * 分别表示在 1%、5% 和 10% 的水平上显著，括号中的数值为标准误。

由表 6-6 可知，ofdi 逆向技术溢出效应对东、中部地区能源效率有正向的影响，且对东部地区的影响大于对中部和东北地区的影响，对西部地区能源效率的影响不显著。可能的原因是东部地区经济发展程度和市场开放程度较高，其跨国公司走出去的逆向溢出效应较大。同时东、中部地区的能源技术、能源标准和环境保护意识较高，对 ofdi 的逆向技术溢出有更强的吸收能力。因此东、中、东北部地区 ofdi 逆向技术溢出效应对能源效率的影响较大。西部地区大部分省份能源利用技术相对落后，人力资本、基础设施建设等吸收能力相对较弱。因此，很难将国外先进的能源利用技术引为己用，从而制约了 ofdi 逆向技术溢出对本区域能源效率的改善力度。

笔者选取城镇人口占总人口的比重作为城镇化水平的代理指标，该指标更能反映出城镇化的水平和速度，并不能体现城镇化的质量。城镇化水平对能源效率有负向的影响，说明当人口集聚达到一定水平时，环境污染问题、交通拥挤现象以及要素错配等问题便凸显，会导致能源的无效使用，严重抑制能源效率。人力资本水平对东、中部地区能源效率具有促进作用，对西部地区能源效率有抑制作用，但都没有通过显著性检验。究其主要原因是：一方面，东、中、东北部地区人力资本总量的增加会带来节能创新技术人才的增加，从而促进能源效率的提升，而西部地区人才流失严重，创新能力不足，不利于能源效率的提升。另一方面，人力资本总量的增加（减少）必然带来能源消耗总量的提升（下降），从而抵消（增加）了节能创新技术人才对能源效率的促进作用。

五、结论和政策建议

本节采用超效率 DEA 模型对中国 30 个省（自治区、直辖市）的能源效率进行了测算，发现超效率均值大于 1 的省份有 11 个，超效率均值最低的 5 个省是新疆、辽宁、云南、吉林和河南。综合来看，全国能源效率值波动不明显，近几年有下降趋势。能源效率值有两次较为明显的波动，一次是 2008 年金融危机时，另一次是"十二五"规划的第一年，即 2011 年。从东、中、东北、西部分区域来看，东部地区的能源效率均值最大，其次是西部地区，第三是中部地区，最后是东北部地区。东部地区的能源效率大于其他地区，且只有东部地区的能源效率在样本期内有明显改善。东部地区省份的能源效率排名在样本期内逐渐跻身前列，而其他地区省份的排名则不断下滑。

OFDI 逆向技术溢出效应对能源效率有正向的影响。专利对能源效率有负向的影响。产业结构对能源效率有正向的影响。财政支出对能源效率有正向的影响。OFDI 逆向技术溢出效应对东、中部地区能源效率有正向的影响，且对东部地区的影响大于对中部地区的影响。对西部地区能源效率的影响不显著。城镇化水平对能源效率有负向的影响。人力资本水平对东、中部地区能源效率具有促进作用，对西部地区能源效率有抑制作用，但都没有通过显著性检验。

基于以上研究结论，在此提出以下几点政策建议。

首先，增加对技术密集型产业的投资，促进逆向技术溢出效应的产生。获取技术和促进国内产业升级是现阶段中国对外直接投资的重要动机，中国对外直接投资的重点行业也应从资源能源、基础设施行业转向制造业。应合理调整对外直接投资的产业结构，在稳定劳动密集型传统产业对外投资的同时，积极发展技术密集型产业的对外投资，通过对外投资获取优质资源，拓宽技术溢出渠道，获得当地技术和研发溢出，将先进技术传递回国内，促进国内企业技术创新和行业技术进步。行业技术水平的提高有利于能源利用技术的开发，促进能源利用效率的提高。

其次，优化能源消耗结构。中国的能源消耗结构长期受自然资源禀赋和产业结构制约，煤炭消费占据主要地位。未来我国的能源效率政策，应该积极推动能源消耗结构的改善，减少化石燃料的使用，促进新能源的开发和利用，提高能源综合利用效率，降低中国经济发展的对外"能源依赖性"。在此过程中应当注意并建设新能源基础设施和配套设施，在扩大新能源供给量的同时，提高新能源的转化率和利用率。要加强环境保护和治理的政策研究，制定统一的污染物排放标准，向那些对环境产生污染的企业征收环境污染处理费，促使企业重视环境问题。

再次，地方政府应当充分发挥其在资源配置方面所应尽的作用，通过自身效率和管理水平的提升更好地推进地区能源消费结构的改革。能源政策必须充分考虑区域差异化和相邻省份的共性，既不能整齐划一，"全国一盘棋"，也不能"一省一策"，缺乏相邻区域之间的协调统一。东部地区要加快产业升级，发展高新技术产业，优化能源结构，要发挥区位优势，以"技术换资源"，加强与西部能源富裕地区的交流。中西部和东北部地区要引进先进能源开发技术，减少能源开发过程中的浪费，降低能耗水平，发展风能和太阳能等可再生能源，实现能源多元化。

最后，促进产业结构调整与优化。当前中国正处于产业结构调整和优化时期，第二产业的比重稳步下降，第三产业的比重逐步上升。产业结构的调整和优化有利于节约资源、保护环境，实现经济的可持续增长。应调整产业结构，使第二产业平稳运行，第三产业加速发展，促进整个产业结构趋向合理。在工业行业内部，要合理发展重工业，控制重工业的比重，降低能耗，同时大力发展高科技、低能耗产业。对于落后工业技术和设备尽量淘汰，实现科技贡献率的提升，实现产业结构升级、科技水平提高、能源效率提升的协调一致。

第二节　OFDI、能源效率与碳排放

本节对 OFDI、能源效率和碳排放效率展开研究。首先测量中国各省的能源效率，分析各省份能源效率的特征；其次，实证检验 OFDI、能源效率和碳排放；最后，提出了有针对性的政策建议。

一、引　言

改革开放 40 多年以来，中国经济增长迅速，但这种经济增长主要是粗放型的经济增长，即高增长伴随着高的能源消耗和大量的二氧化碳排放。根据中国统计年鉴的数据显示，中国能源消耗量从 2005 年的 223319

万吨标准煤大幅增加到 2017 年的 448529 万吨标准煤。二氧化碳排放量从 2005 年的 5809 吨增加到 2017 年的 11553 吨。与此同时，中国的碳排放还存在地区不均衡的问题。例如，2017 年山西省的碳排放为 1521 吨，海南省的碳排放为 60 吨，山西省的碳排放是海南省的 25.35 倍。能源消耗造成的大量的二氧化碳排放日益成为制约我国经济发展和社会进步的瓶颈。区域碳排放的不平衡不仅扩大了区域经济差距，也给区域环境治理带来矛盾。

为了实现经济的健康、和谐和可持续发展，中国政府制定了一些降低能源消耗和控制温室气体排放的目标。例如，根据《国家应对气候变化规划（2014—2020 年）》，到 2020 年碳排放强度降低 40% ~ 45%，非化石燃料占一次能源消耗比重提高到 15% 左右；习近平主席在第二十一届联合国气候变化大会首脑峰会上，提出到 2030 年碳排放强度降低 60% ~ 65%。要降低能源消耗，减少碳排放，提高技术水平是重要的手段。一方面，提高节能技术可以降低能源强度，提高能源利用效率，实现能源节约，从而降低碳排放；另一方面，技术可以优化能源结构，降低化石能源在能源中的比重，开发新能源和可再生能源。

对于广大发展中国家和新兴经济体而言，OFDI 是其承接国际技术转移与技术扩散的重要形式。由于 OFDI 企业与母国有千丝万缕的联系，它会通过逆向技术溢出，向母国传递技术，带动国内企业增加研发投入，提高技术创新水平（张建和李占风，2020）。OFDI 影响碳排放的机制，一是 OFDI 企业在对外投资过程中受东道国严格的环境标准要求，会学习并研发自身的节能技术，这些技术会通过逆向溢出传递到母国公司，从而提高母国的能源效率。二是 OFDI 企业会通过逆向技术溢出，促使母国企业加大研发投入、降低生产成本和能源消耗，从而减少碳排放。然而，能源回弹效应的存在会使 OFDI 逆向技术溢出，对能源效率和碳排放的影响存在不确定性。能源回弹效应使技术进步在提高能源效率的同时，刺激消费者和生产者产生更多的能源需求，结果可能不会达到减少能源消耗的预期，甚至可能增加能源消耗，从而对提升能源利用效率产生负向影响。此外，也有学者认为 OFDI 不会产生技术溢出，因为大量的外国投资会导致国内自主研发资金的减少，这将对当地企业的自主创新活动起到替代作用。也就是说，对外投资不会产生技术溢出，对母国能源效率和碳排放没有正面的作用。因此，OFDI 是否能提升母国能源效率，降低碳排放，这是学术界尚存在争议的问题。

从上述分析中可以发现，OFDI 影响碳排放有直接效应和间接效应。直接效应指的是 OFDI 直接导致碳排放的增加或者减少，间接效应指的是 OFDI 通过影响能源效率进而影响碳排放，能源效率起着中介的作用。那么，在分析中国的现实情况时，OFDI 是否会直接影响碳排放？OFDI 是否会通过影响能源效率进而影响碳排放？回答这些问题对中国的能源消耗、能源效率提高和碳排放减少都有十分重要的意义。因此，本节采用多种回归方法对 OFDI 逆向技术溢出、能源效率和碳排放展开研究，分析 OFDI 对碳排放的影响，并探索 OFDI 对碳排放的影响机制。

二、文献综述

本节研究有三个关键变量，即 OFDI、能源效率与碳排放。因此，在对以往研究文献进行归纳概括时，分别从 OFDI 与碳排放、能源效率与碳排放和 OFDI 逆向技术溢出与能源效率三个方面展开分析。

（一）OFDI 与碳排放

OFDI 对碳排放的影响取决于规模效应、产业结构效应和逆向技术溢出效应三者的综合作用。对外投资会导致母国经济规模的扩大，经济的快速发展必然带动当地能源需求的增加，并在一定程度上导致能源利用技术的变革与能源产业结构的调整，但大量的能源消耗将使 CO_2 等温室气体的排放量增加，对环境的治理产生负面的压力（Ardakani and Seyedaliakbar，2019）。国民经济各产业的化石能源消耗量差异性较大，有的产业消耗化石燃料较多，向大气中排放的二氧化碳较多；有的产业消耗化石燃料较少，向大气中排放的二氧化碳也较少。因此，优化产业结构，提高碳排放效率对降低碳排放有重大的作用（李金铠等，2020）。对外直接投资在产业转移和资本流动中可能产生逆向技术溢出效应。随着对外直接投资的增加，母国可能获得更多的来自国外先进的绿色生产技术和更严格的环境治理标准，有效降低了国内二氧化碳排放强度（Luo and Cheng，2013）。

在对中国 OFDI 和碳排放的研究中，Hao 等（2021）认为中国对外直接投资增强了中国的产业规模效应和结构效应以及促进碳减排的技术效应。引进技术溢出可以减少经济扩张所造成的碳排放增加和第二产业比重的增加，对碳排放有不利的影响。但是，由于中国正处于经济发展的初级阶段，对低碳技术的接受和吸收受到限制，因此减排的技术效应远远低于其他两大效应。Pan 等（2020）只考虑了逆向技术溢出效应，没有考察吸收能力。他们的研究结果发现逆向技术溢出效应有正向的，也有负向的，对外直接投资有助于加强技术能力对区域碳生产力的溢出效应，从而提高该区域的全要素生产率。

（二）能源效率与碳排放

能源效率可以反映节能措施是否有效地降低了目标能源的消耗，能源效率越高则单位能源消耗量越小，反之越大。关于能源效率与碳排放的关系，学者们并没有统一的结论。一些学者认为能源效率提高能减少碳排放，Kamal 等（2019）认为能源效率提高可以降低二氧化碳排放，从长期来看，建设能效高的建筑比翻新旧建筑能节约两倍以上的二氧化碳排放，因此，发展中国家要优先建设高效的仓库，而不是翻新较旧的仓库。Rehmatulla 等（2017）认为能源效率的提高会降低二氧化碳排放，他们在分析航运业能源效率和减排技术的实施情况时，发现在 30 多种技术中，只有个别技术实施得较为彻底。因此，未来船舶行业在二氧化碳排放中如果想与其他行业看齐，减排技术的实施尤为重要。Tajudeen 等（2018）发现对于经合组织整体而言，提高能源效率可以减少二氧化碳排放量，并且从长远来看可以降低更多。从已有数据可以发现，经济的增长增加了二氧化碳排放量，但二氧化碳排放量的增长却显著放缓。他们还发现清洁能源替代（即可再生能源和核能的份额）有助于降低 CO_2 排放量，但不如提高能源效率那么重要。

极少量的研究表明能源效率的提高导致能源消耗和碳排放的增加。Greening 等（2000）发现能源回弹效应为能源效率增加碳排放提供了可能性，因为规模效应的存在，效率的提高有助于降低产品的成本和价格，增加需求和消费，从而增加能源消耗和碳排放。Inglesi-Lotz（2018）在研究影响南非二氧化碳排放的主要因素时，发现能源效率和碳排放有负向的关系。

（三）OFDI 逆向技术溢出与能源效率

OFDI 技术溢出是技术扩散的方式之一，大部分有关 OFDI 的逆向技术溢出效应的研究是新兴市场国家对发达国家的 OFDI 对母国技术进步的影响，且研究文献较少。Potterie 和 Lichtenberg（2001）选取发达国家 OFDI 数据，发现对外直接投资存在逆向技术溢出效应，有利于母国技术水平的提高，尤其当东道国是研发密集型国家时。除了 OFDI 逆向技术溢出效应的存在性外，一些学者也对 OFDI 逆向技术溢出效应的方向性展开研究。大多数学者认为 OFDI 对母国技术进步有正向的影响。跨国企业借助在发达国家的对外直接投资，通过示范效应、链接效应、竞争效应和人员流动效应等开展技术模仿和技术改进，提升跨国企业的技术研发水平，推动整个社会生产率水平的提高。

有关 OFDI 技术溢出直接影响能源效率的研究文献较少，且绝大部分是对东道国能源效率的影响。Liu 等（2020）在研究中国对外投资的绿色化趋势及其与东道国能源结构和能源效率的关系时，发现当东道国拥有更好的政治环境、自然资源禀赋和更高的能源效率，但二氧化碳排放强度较低、能源结构不完善、技术和基础设施较不发达时，中国企业倾向于投资绿色项目。因此，未来中国在对外投资时，既会注重对东道国的技术溢出，也会注重对当地的环境保护。在对 OFDI 逆向技术溢出影响能源效率的研究中，Xin 和 Zhang（2020）发现企业对外直接投资产生的逆向技术溢出效应可以有效地提高国内企业的全要素生产率，包括能源利用效率，而能源利用效率的提高可以促进国内企业的发展，减少企业的污染排放。因此，增加对外直接投资可以有效改善各省的环境质量。Manyuchi（2017）采用案例研究法，研究南非能源部门对外直接投资是否以及如何将无害环境技术转移到乌干达。结果表明，南非能源部门的对外直接投资可以将无害环境技术转移到乌干达能源部门。因此，各国和各跨国公司可以将非洲新兴国家的对外直接投资流向无害环境技术的转让，从而有助于减轻气候变化的影响和促进可持续发展。

三、研究方法和数据来源

在开展实证分析前，本部分首先介绍了实证研究所使用的方法，采用超效率 DEA 方法测算能源效率；然后介绍实证研究所使用数据的来源，较为具体地描述了实证分析所使用数据的出处。

（一）超效率 DEA 方法

传统 DEA 模型的不足之处在于当出现多个有效的决策单元（decision making units，DMU）时，无法比较这些单元孰优孰劣。为解决这个问题，Anderson 和 Petersen（1993）提出超效率 DEA 模型。该模型将被评价的 DMU 从参考集中剔除，通过参考其他 DMU 构成的前沿得出自身的值，弥补了传统 DEA 模型在效率为 1 的情况下无法进一步分析排序的不足。假设多输入 – 多输出评价体系共有 s 个决策单元，由 m 个投入指标和 n 个产出指标构成指标体系。$X_j = (x_{j1}, x_{j2}, \cdots, x_{jm})^T$ 表示第 j 个决策单元 DMU 的投入向量，x_{jm} 表示第 j 个决策单元对第 m 种类型输入的投入量，$x_{jm} > 0$，$X_j > 0$。$Y_j = (y_{j1}, y_{j2}, \cdots, y_{jn})^T$ 表示第 j 个决策单元 DMU 的产出向量，y_{jn} 表示第 j 个决策单元对第 n 种类型输入的投入量，$y_{jn} > 0$，$Y_j > 0$。超效率的计算模型如下：

$$\min \theta - \varepsilon \left(\sum_{i=1}^{m} s_i^- + \sum_{r=1}^{s} s_r^+ \right)$$

$$\text{s.t.} \begin{cases} \sum_{\substack{j=1 \\ j \neq k}}^{s} \lambda_j x_{ij} + s_i^- = \theta x_{ik_0}, i = 1, 2, 3, \cdots, m \\[2ex] \sum_{\substack{j=1 \\ j \neq k}}^{s} \lambda_j y_{rj} - s_r^+ = y_{rk}, r = 1, 2, 3, \cdots, n \\[2ex] \lambda_j, s_i^-, s_j^+ \geqslant 0, j = 1, 2, 3, \cdots, s \end{cases} \qquad (6-5)$$

其中，θ 表示规划目标值；λ_j 为规划决策变量；s^-、s^+ 为松弛变量向量。

（二）数据来源和变量选择

本部分数据来源于 2005—2017 年《中国统计年鉴》、《中国科技统计年鉴》、《中国对外直接投资统计公报》、《中经网统计数据库》、世界银行、联合国贸易和发展会议数据库（贸发会议）和中国碳排放数据库。西藏自治区、中国香港特别行政区、中国澳门特别行政区和中国台湾省因数据不完整而不包括在内。

1. 碳排放

碳排放数据使用碳排放量衡量，取对数值，数据来源于中国碳核算数据库。中国碳核算数据库聚集了来自中、英、欧、美等多国研究机构的学者，共同编纂中国及发展中国家、地区的多尺度碳核算清单及社会经济与贸易数据库。根据碳核算数据库，可以画出中国 2005—2017 年碳排放的走势图，如图 6-1 所示。

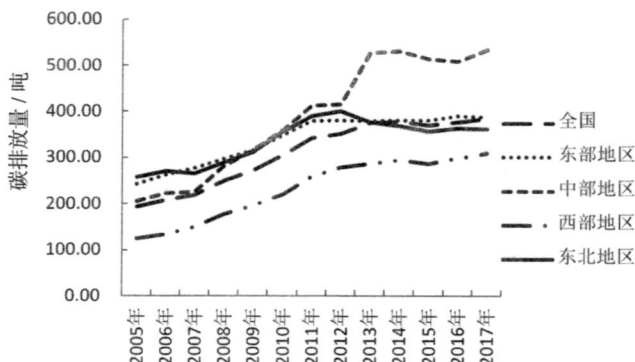

图 6-1　2005—2017 年中国碳排放量走势图

由图 6-1 可知，中国碳排放量呈增长趋势且地区发展不均衡。2005 年，中国省均碳排放量为 193.62 吨，2017 年，省均碳排放量为 385.11 吨，增长了 98.89%。西部地区碳排放量最少，东部地区和东北地区在 2008 年以前碳排放量最大。2009 年开始，中部地区碳排量超过东部地区和东北地区，在四大区域中居于首位。整个样本区间，西部地区碳排放量最小，都低于其他地区。2008 年，西部地区碳排放量陡增，相对于 2007 年增长了 19.02%，随后增速放缓。

2. 能源效率

本部分使用超效率 DEA 模型估算能源效率，借鉴以往研究文献并考虑本研究的特点，选取的投入变量有资本 (X_1)、劳动 (X_2) 和能源消耗量 (X_3)，产出变量有 GDP (Y_1)、SO$_2$ (Y_2) 和工业废水 (Y_3)。资本是固定资本存量，它是以不变价计量的过去投资流量的加权和，即当期资本总量＝上期资本总量－折旧＋当期资本增量，其表达式为：$K_{jt}=K_{jt-1}(1-\delta_{jt})+I_{jt}$。式中，$K_{jt}$ 代表第 t 期 j 省的资本存量；K_{jt-1} 代表第 $t-1$ 期 j 省的资本存量；δ_{jt} 表示第 t 年 j 省的折旧率，I_{jt} 表示以当年价格计算的第 t 年 j 省的投资，这里选择 2005 年为基期。劳动力投入是每个省的雇员人数；能源投入是各省的能源消耗；国内生产总值是根据 2005 年的国内生产总值平减指数计算的；SO$_2$ 为二氧化硫排放量；工业废水为废水排放总量。

图 6-2 显示了中国 2005—2017 年平均能源效率。可以看出，中国能

源效率并没有明显走势且地区存在较大的差异，东北地区能源效率最低，西部地区能源效率在 2010 年几乎都高于东部地区，居四大区域的首位，在 2010 年后，则低于东部地区，与全国几乎重合。

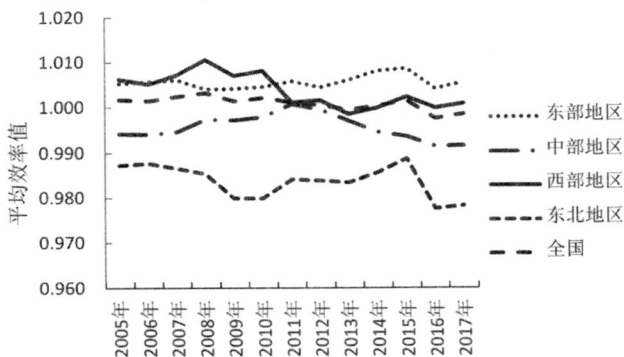

图 6-2　中国 2005—2017 年平均能源效率值走势图

3. 对外直接投资（OFDI）

鉴于以往文献对 OFDI 逆向技术溢出的测度尚无统一口径，本部分将中国 OFDI 所得国外研发资本存量作为 OFDI 逆向技术溢出的代理指标，可以由以下公式计算得到

$$S_{ft} = \sum \frac{\text{ofdi}_{ft}}{k_{ft}} S_{ft}^d \qquad (6-6)$$

其中，S_{ft} 表示 t 年中国向 f 国对外直接投资所得国外研发资本存量；ofdi_{ft} 表示 t 年中国向 f 国直接投资存量；k_{ft} 表示 t 年 f 国的固定资本形成额，S_{ft}^d 表示 t 年 j 国的国内研发资本存量。其中，东道国的国内研发资本存量采用永续盘存法，选取 5% 折旧率计算得到。省级层面的国外研发资本存量用公式 $S_{jft} = \rho S_{ft}$ 计算而得。其中，S_{jft} 表示 t 年中国 j 省向 f 国对外直接投资所得国外研发资本存量，ρ 表示每年各省对外投资占中国总的对外投资的比例。

4. 其他控制变量

笔者在前人研究的基础上，将专利、产业结构、城市化水平、财政支出和开放程度作为控制变量加入模型。其中，专利是以授予专利的数量来表示的；产业结构是第二产业产值占总产值的比重；城市化水平是城市人口占总人口的比例；财政支出是省级财政支出占各省地区生产总值的比重；开放程度是以各省进出口总额占各省地区生产总值的比重来衡量的。

四、计量模型和实证检验

基于对研究方法和数据来源的分析，本部分对 OFDI、能源效率与碳排放展开了实证分析，包括计量模型和实证检验两部分。

（一）计量模型

OFDI 逆向技术溢出不但会直接影响碳排放，也会通过影响能源效率影响碳排放。因此，为了更好地检验 OFDI 逆向技术溢出、能源效率对碳排放的影响，建立如下三个模型

$$co_{it}=\gamma_0+\gamma_1 eef_{it}+\gamma_2 ofdi_{it}+\gamma_3 patent_{it}+\gamma_4 industry_{it}+\gamma_5 urban_{it}+\gamma_6 fined_{it}+\gamma_7 open_{it}+\varepsilon_{it}$$

$$（6-7）$$

$$co_{it}=\beta_0+\beta_1 ofdi_{it}+\beta_2 patent_{it}+\beta_3 industry_{it}+\beta_4 urban_{it}+\beta_5 fined_{it}+\beta_6 open_{it}+\theta_{it}$$

$$（6-8）$$

$$eef_{it}=\alpha_0+\alpha_1 ofdi_{it}+\alpha_2 patent_{it}+\alpha_3 industry_{it}+\alpha_4 urban_{it}+\alpha_5 fined_{it}+\alpha_6 open_{it}+\tau_{it}$$

$$（6-9）$$

其中，i 代表省份；t 代表年份；α_i、β_i（$i=0,1,\cdots,6$）和 γ_i（$i=0,1,\cdots,7$）为回归系数；ε_{it}、θ_{it}、τ_{it} 为残差；co 指的是碳排放；eef 指的是能源效率；ofdi 指的是对外投资逆向技术溢出；patent、industry、urban、fined 和 open 分别是控制变量专利权、产业结构、城市化水平、财政支出和开放度。式（6-7）、式（6-8）和式（6-9）共同验证了能源效率的中介效应。

本小节采用阶梯法（Wen and Ye，2014）估算能源效率的中介效应。首先，检验式（6-8）中 β_1 的系数是否显著，如果显著，继续进行下面的检验，不显著则终止检验。其次，检验式（6-9）中 α_1 和式（6-7）中 γ_1 的显著性，如果两者都显著，则证明了中介效应的存在，如果至少有一项是不显著的，则进一步采取 Sobel 检验。当 Sobel 检验（H_0：$\alpha_2\gamma_3=0$）的原假设被拒绝时，

中介效应被支持。最后，检验式（6-7）中 γ_2 的显著性，当它显著时，存在部分中介效应，否则存在完全中介效应。中介效应可以用 $\alpha_1\gamma_1$ 来计算，直接效应用 γ_2 来估算，因此总效应为 $\alpha_1\gamma_1+\gamma_2$。

本小节数据的描述性统计如表 6-7 所示。通过 VIF 检验发现，面板数据不存在严重的多重共线性问题。

表 6-7 描述性统计

变量	样本量	均值	标准差	最小值	最大值
eef	390	0.693	0.011	0.674	0.748
ofdi	390	11.249	1.831	5.602	15.755
patent	390	9.185	1.612	4.369	12.714
industry	390	0.466	0.081	0.190	0.614
urban	390	3.937	0.252	3.291	4.495
fined	390	0.218	0.095	0.079	0.626
open	390	0.307	0.354	0.011	1.754

（二）实证检验

本部分展开了较为详细的实证分析。首先，采用基本回归分析了 OFDI、能源效率和碳排放；其次，对上述回归做了内生性检验；再次，采用阶梯法检验了能源效率的中介效应；最后，做了分样本回归分析。

1. 基本回归

本部分首先对面板数据进行基本回归。首先，在随机效应模型和固定效应模型的选择上，Hausman 检验显示面板数据在 1% 的统计水平上显著，因而拒绝了随机效应的原假设，应该采用固定效应模型；其次，借鉴以往研究，采用 Tobit 回归进行了分析。表 6-8 报告了固定效应模型和 Tobit 模型的回归结果。

表 6-8　固定效应模型和 Tobit 模型的回归结果

变量	固定效应回归			Tobit 回归		
	co	co	eef	co	co	eef
eef	−1.978**			−2.427***		
	（0.802）			（0.785）		
ofdi	−0.018**	−0.022**	0.002***	−0.015**	−0.021**	0.002***
	（0.009）	（0.009）	（0.001）	（0.008）	（0.009）	（0.0005）
patent	0.051***	0.050***	0.001	0.059***	0.061***	−0.001
	（0.018）	（0.018）	（0.001）	（0.015）	（0.016）	（0.0009）
industry	−0.358***	−0.383***	0.013	−0.234**	−0.267**	0.006
	（0.130）	（0.130）	（0.008）	（0.128）	（0.129）	（0.0078）
urban	0.507***	0.566***	−0.030***	0.369***	0.428***	−0.014**
	（0.128）	（0.126）	（0.008）	（0.114）	（0.115）	（0.0069）
fined	−0.286	−0.305*	0.009	−0.195	−0.227	0.011
	（0.183）	（0.184）	（0.012）	（0.161）	（0.163）	（0.0094）
open	−0.01	−0.018	0.004	−0.457	−0.051	0.003
	（0.057）	（0.057）	（0.004）	（0.051）	（0.052）	（0.0030）
常数项	−0.355	−0.189***	0.775***	0.334	−1.513***	0.733***
	（0.718）	（0.361）	（0.023）	（0.682）	（0.337）	（0.0202）
R^2	0.414	0.404	0.129			
rho	0.87	0.879	0.802	0.838	0.852	0.725
Wald				263.97***	249.62***	17.03**

注：***、** 和 * 分别表示在 1%、5% 和 10% 的水平上显著，括号里的数据代表标准误。

表 6-8 中，能源效率对碳排放有负向的影响（$\gamma_1 = -2.427$，$P=0.000$），能源效率越高，碳排放越小。本书的研究结果与大多数学者对中国碳排放的研究结果一致。在对中国碳排放的研究中，大部分学者认为中国在碳减排方面的成绩主要归功于能源效率的提高，而能源效率的提高一方面来自能源技术提高导致的能源强度下降，另一方面则来自能源结构的优化。对

外直接投资逆向技术溢出对碳排放有负向的影响，即技术溢出越多，碳排放越低。如前面所言，技术水平提高是导致碳排放减少的重要因素之一，而对外直接投资逆向技术溢出是技术扩散的方式之一，有利于母国技术水平的提高。对外直接投资逆向技术溢出对能源效率提高有正向的影响（$\alpha_1=-0.002$，$P=0.000$），技术溢出每增加1%，能源效率就提高0.002%。

在控制变量中，专利水平对碳排放有正向的影响，但对能源效率的影响则不显著，这肯定了技术是节能减排的重要影响因素。专利包括发明专利、实用新型和外观设计专利三种类型。真正体现技术水平提升的是发明专利，它在三种专利中的比重较小且转化应用率较低。因此，专利水平对能否改善能源效率存在一定的不确定性。产业结构对碳排放有负向的影响。本书用第二产业产值占总产值的比重衡量产业结构。第二产业主要包括采矿业、制造业和建筑业。中国第二产业的特点是高能耗、高污染、技术水平低、不注重环保节能，因此，粗放式的增长方式造成了第二产业有较高的碳排放。在我们的研究中却发现产业结构有利于降低碳排放，与现实经济现象恰恰相反。在对样本数据的分析中，我们发现第二产业所占比重呈下降趋势，特别是在2011年后，下降趋势尤为明显，尤其是在东部地区。因此，第二产业的比重下降有利于降低碳排放。产业结构对能源效率的正向影响也说明了这一点。城市化水平对碳排放有正向的影响，城镇人口规模越大，越增加碳排放。城市化水平对能源效率有负向的影响，不利于能源效率的提升。一方面，人口聚集到城市，城市及基础设施建设导致水泥等使用增多，碳排放明显增加。另一方面，近年来经济、环境与人类社会生活的矛盾愈加激烈，城镇化及伴随的工业化过程产生的大量二氧化碳引发了诸多环境问题。人口集聚增加了能源消耗，提高了能源强度，降低了能源效率。

2. 内生性检验

OFDI逆向技术溢出的增加，能源效率的提高有利于降低碳排放；反过来，碳排放有可能影响OFDI、能源效率等社会经济贸易因素，这种双向因果关系可能产生内生性。为了解决内生性问题，笔者认为需要寻找合适的工具变量对模型做进一步的检验，于是选取了滞后1期的OFDI和滞后1期的能源效率变量作为工具变量，分别采用固定效应模型、Tobit模型和工具变量法（IV）对 OFDI、能源效率和碳排放进行再估计。回归结果列于表 6-9 中。

表 6-9　内生性检验结果

变量	固定效应回归			Tobit 回归			工具变量法（IV）		
	co	co	eef	co	co	eef	co	co	eef
eef	−1.836**			−2.014**			−1.957**		
	(0.904)			(0.836)			(0.895)		
ofdi	−0.018*	−0.022**	0.002***	−0.019**	−0.023**	0.002***	−0.048**	−0.058***	0.005***
	(0.009)	(0.009)	(0.001)	(0.009)	(0.009)	(0.001)	(0.019)	(0.018)	(0.001)
patent	0.045**	0.045**	−0.001	0.064***	0.064***	−0.001	0.066***	0.071***	−0.002*
	(0.020)	(0.020)	(0.001)	(0.017)	(0.017)	(0.001)	(0.023)	(0.023)	(0.001)
industry	−0.405***	−0.435***	0.016*	−0.248*	−0.275**	0.006	−0.379***	−0.413***	0.017*
	(0.147)	(0.147)	(0.009)	(0.134)	(0.135)	(0.008)	(0.146)	(0.147)	(0.009)
urban	0.472***	0.531***	−0.032***	0.334***	0.388***	−0.015**	0.531***	0.589***	−0.029***
	(0.151)	(0.149)	(0.009)	(0.121)	(0.122)	(0.007)	(0.152)	(0.151)	(0.009)
fined	−0.162	−0.204	0.022*	−0.127	−0.166	0.017*	−0.006	−0.005	−0.001
	(0.211)	(0.211)	(0.013)	(0.170)	(0.171)	(0.010)	(0.217)	(0.220)	(0.014)
open	0.005	−0.002	0.004	−0.033	−0.038	0.003	−0.035	−0.047	0.006
	(0.063)	(0.063)	(0.004)	(0.054)	(0.055)	(0.003)	(0.066)	(0.066)	(0.004)
常数项	−0.275	−1.712***	0.782***	0.171	−1.377***	0.739***			
	(0.831)	(0.439)	(0.027)	(0.735)	(0.363)	(0.022)			
R^2	0.343	0.335	0.103						
rho	0.887	0.886	0.83	0.851	0.862	0.747			
Wald				206.24***	198.05***	15.72**			
识别不足检验							99.365***	107.302	106.201***
弱识别检验							69.364***	77.657	76.637***
过度识别检验							0.951	0.818	0.182

注：***、** 和 * 分别表示在 1%、5% 和 10% 的水平上显著，括号里的数据代表标准误。

表 6-9 中的工具变量检验结果说明，应拒绝识别不足检验和弱识别检验，接受过度识别检验，因此，我们的工具变量是合理有效的。三个模型中，能源效率对碳排放的影响是负向的，影响系数在 -1.835 和 -2.014 之间。虽然学术界对能源效率和碳排放的关系没有统一的结论，但我们的研究却证实了两者之间的负向关系，且这个结论是稳健的。OFDI 逆向技术溢出对碳排放的影响也是负向的，比较分析系数 γ_2 和 β_2 可以发现，前者的绝对值小于后者的绝对值，这说明如果不单独把能源效率作为影响碳排放的一个因素，那么 OFDI 对碳排放的影响更大一些。OFDI 对能源效率有正向的影响，在三个模型中的影响系数是 0.002 和 0.005，差别不大，这说明 OFDI 对能源效率的正向影响也比较稳健。

在控制变量中，专利水平对碳排放有正向的影响，但对能源效率的影响则不显著。产业结构对碳排放有负向的影响，对能源效率有正向的影响。城市化水平对碳排放有正向的影响，对能源效率有负向的影响。财政支出和开放程度同基本回归的结果基本一样，影响范围几乎保持不变，但缺乏显著性。

3. 中介效应检验

本部分基于式（6-7）、式（6-8）和式（6-9），采用分步法进一步验证能源效率的中介效应。表 6-10 报告了基本回归和内生性检验中采用不同方法得出的中介效应检验结果。

表 6-10　中介效应检验结果

回归方法	Sobel 检验	直接效应	间接效应	总效应	间接效应占比
Fixed	2.446***	−0.018	−0.004	−0.022	18.182%
Tobit	2.099**	−0.015	−0.005	−0.020	25.000%
Fixed_1	2.063**	−0.018	−0.004	−0.022	18.182%
Tobit_1	1.811*	−0.019	−0.004	−0.023	17.391%
IV	2.003**	−0.048	−0.010	−0.058	17.241%

注：***、** 和 * 分别表示在 1%、5% 和 10% 的水平上显著，括号里的数据代表标准误。

表 6-9 第三列的基本回归固定效应模型中，ofdi 负向影响碳排放，ofdi 每增加 1%，碳排放就减少 0.022%，因此可以进行中介效应检验。在式（6-7）中，当控制了变量 ofdi 时，能源效率对碳排放的影响是负向而显著的。基于此，进一步检验式（6-9）中参数 α 的显著性，结果显示，OFDI 对能源效率的影响是显著的，系数是 0.002。可能的原因是能源效率本身就反映了节能措施的采用导致了目标能源消耗的降低，减少了碳排放。

由于式（6-7）中的系数 γ 和式（6-9）中的系数 α 是显著的，证明了中介效应的存在。ofdi 对碳排放的直接影响效应是 −0.015，间接影响效应是 −0.005，间接影响效应占总效应的 25.000%。换言之，25.000% 倍的 ofdi 对碳排放的影响是通过影响能源效率进而影响碳排放的。因此，在研究 OFDI 逆向技术溢出效应对碳排放的作用时，不但要考虑技术溢出对碳排放下降的直接作用，还要注重技术溢出引致的能源效率的提高对碳排放的降低作用。更具体地说，中国对外投资的逆向技术溢出效应所带来的节能技术水平的提高，不但降低了碳排放，而且有利于国内能源效率的提高。能源效率的提高降低了单位工业产出的能源消耗，有利于能源的循环利用。此外，能源效率提高造成的经济收入增加将进一步促进技术创新，最终抑制工业碳排放增加。

表 6-10 显示的五组中介效应检验结果显示，三种模型中的关键变量都是显著的，这说明能源效率的中介效应存在并且是稳健的，即 OFDI 逆向技术溢出可以通过影响能源效率进而影响碳排放。间接效应最大的是在工具变量回归模型中，系数绝对值为 0.010。间接效应的比重为 17.241% ~ 25.000%，平均值为 19.199%，这说明中介效应的作用不可忽视。

4. 分样本回归

研究过程中我们发现，一些地区外向国际化程度较高，"走出去"企业较多，对外投资存量也较大；另一些地区开放较晚，外向国际化程度也不高，对外投资企业较少，投资存量也较少。由于外向国际化程度不高的地区和外向国际化程度较高的地区在对外投资存量上存在的差异较大，对外投资对当地的经济和环境的影响也存在较大的不同。因此，本小节按照外向国际化程度的高低，对 OFDI、能源效率和碳排放做了分样本回归。这里外向国际化程度用对外投资存量衡量，居于中位数以上的省级行政区，我们认为它的外向国际化程度较高，居于中位数以下的城市，我们认为它的外向国际化程度较低。回归结果列于表 6-11 中。

表 6-11　分样本回归结果

变量	外向国际化程度高			外向国际化程度低		
	co	co	eef	co	co	eef
eef	−1.135**			−2.084		
	（0.520）			（1.350）		
ofdi	−0.012**	−0.015***	0.002***	−0.017	−0.019	0.001
	（0.005）	（0.005）	（0.0006）	（0.018）	（0.018）	（0.0009）
patent	0.055***	0.053***	0.001	0.047	0.052*	−0.002
	（0.011）	（0.011）	（0.0013）	（0.031）	（0.031）	（0.0016）
industry	0.136	0.127	−0.001	−0.417*	−0.445*	0.013
	（0.106）	（0.106）	（0.0122）	（0.214）	（0.214）	（0.0113）
urban	0.333***	0.386***	−0.028***	0.560***	0.579***	−0.008
	（0.083）	（0.078）	（0.0103）	（0.205）	（0.207）	（0.0107）
fined	−0.400**	−0.460**	0.047**	−0.471*	−0.506***	0.015
	（0.197）	（0.196）	（0.0206）	（0.258）	（0.259）	（0.0133）
open	−0.049	−0.063*	0.011	−0.771***	−0.744***	−0.013
	（0.033）	（0.033）	（0.0036）	（0.258）	（0.259）	（0.0137）
常数项	−0.589	−1.513***	0.765***	−0.232	−1.755***	0.727***
	（0.561）	（0.245）	（0.0310）	（1.155）	（0.609）	（0.0315）
rho	0.969	0.971	0.823	0.725	0.734	0.696
Wald	352.70***	345.23***	30.70***	105.61***	102.15***	11.37*

注：***、**和*分别表示在1%、5%和10%的水平上显著，括号里的数据代表标准误。

表 6-11 中，外向国际化程度较高的地区，OFDI 对碳排放的影响是负的，对能源效率的影响是正向的，能源效率对碳排放的影响也是负向的。这里面所有的影响系数都是显著的。外向国际化程度较低的地区，无论 OFDI 对碳排放和能源效率的影响，还是能源效率对碳排放的影响，其影响方向都与外向国际化程度较高的地区一致，但其影响系数却是不显著的。在进一步的中介效应检验中，我们发现两个样本中，能源效率都存在中介效应，即 OFDI 在两种地区中，都会通过影响能源效率进而影响碳排放。

五、结论和政策建议

本节首先采用固定效应回归和 Tobit 回归研究 OFDI 逆向技术溢出、能源效率和碳排放，研究结果与大多数学者对中国碳排放的研究结果一致，即碳减排一方面来自技术水平的提高引致的能源效率的提升，另一方面则来自能源结构的改善。OFDI 逆向技术溢出有利于技术水平提高，对碳排放减少有正向的作用。滞后 1 期回归和工具变量回归规避了内生性问题，证明了我们的结论是稳健的。本节进一步检验能源效率的中介效应，发现 OFDI 不但能直接导致碳排放减少，还能通过提高能源效率导致碳排放减少。最后，我们按照外向国际化程度的高低，把总样本分为外向国际化程度高和外向国际化程度低两个样本，进一步检验 OFDI 逆向技术溢出、能源效率和碳排放的区域异质性。

因此，OFDI 企业应加大对技术密集型产业的投资，获得更多的国外技术溢出。建议政府在企业开展对外投资时给予合理的政策引导，优化对外投资的产业结构，降低对资源密集型产业的投资，稳定对劳动密集型产业的投资，增加对技术密集型产业的投资。外向国际化程度高的地区要注重技术从国外的溢出，学习先进的节能技术，提高能源效率，优化能源结构。外向国际化程度低的地区要承接外向国际化程度高的地区的技术转移，减少能源开发过程中的浪费，降低能耗水平，发展风电和太阳能等可再生能源，实现能源多元化。

中国区域经济的"二元"结构特征使各地区在城市化水平上存在明显

的差异。因此，要采取具体的对外投资策略以降低碳排放，适应新型城镇化发展的需要。在进行对外直接投资时，在城镇化水平较高的地区，加快生产过剩和高污染密集度的传统产业链向外转移，通过境外投资企业学习模仿和自主创新以获取先进的清洁生产技术，促进工业结构升级和生产效率提升，逐步形成低碳产业发展的新优势。在城镇化水平较低的地区，应该扩大对外直接投资的规模，同时学习外资企业的清洁能源技术以提升能源使用效率。政府应该鼓励地方企业对外直接投资，并提供必要的政策和资金支持，避免中、西部地区成为城镇化过程中的污染聚集地。与此同时，该地区还可以承接城镇化水平较高地区的制造业，以巩固城市化进程中的工业基础。

第七章　结论与政策建议

　　本章对前文所进行的研究进行了归纳总结，得出了较为具体、详细的结论。在此基础上，结合中国实际情况，就中国外商直接投资发展、中国对外直接投资发展、中国环境保护、中国双向 FDI 与环境发展提出了较为具体的政策建议。

第一节　结　论

　　1. 首先，在理论机制方面

　　IFDI 会通过技术效应、规模效应、结构效应和城镇化效应影响东道国的环境。IFDI 企业会把本国国内较为先进的环保技术、较为严格的环境标准带到东道国去，这些技术和环保标准又会通过示范效应、技术溢出效应和竞争效应带动东道国环境质量的提升。IFDI 会扩大企业生产规模，增加能源消耗，从而增加污染物排放，对当地环境造成不利的影响。IFDI 大量流入东道国的第二产业，在增加第二产业比重的同时，也增加了高能源消耗、高污染产品的产出。IFDI 流入会加剧人口集聚、调整城市产业结构，从而对城市环境产生影响。OFDI 会通过逆向技术溢出效应、规模效应、结构效应和倒逼效应影响母国的生态环境。OFDI 企业会学习发达国家先进的环境技术和环境规制标准，并对这些技术和标准进行消化和吸收，最终逆向溢出到母国企业，带动母国生态环境水平的提升。OFDI 通过影响母国资本存量、技术等因素影响国内经济发展，从而影响国内生态环境。OFDI 流入第二产业时，重污染产业和轻污染产业较为密集，产生的碳排放相对较多。OFDI 流入知识、信息和技术密集的第三产业时，产生的碳排放相对较少。OFDI 企业在东道国的竞争压力会倒逼它们开展技术创新，并通过产业关联效应带动整个行业技术水平的提升，为母国生态环境水平的提高做出贡献。

2. 在现状分析方面

中国 IFDI 经历了萌芽、快速增长、调整和平稳发展四个阶段。投资中国最多的地区是亚洲，接下来是拉丁美洲、欧洲、北美洲、大洋洲，非洲投资最少。拉丁美洲和欧洲对中国投资相差不大。欧洲和北美洲对中国投资总和所占比重较小，这说明发达国家对中国投资相对来说还是比较少的。从投资方式上看，外商投资股份制企业项目数最少但增速较快，2019 年超过了中外合作经营企业，在四种投资方式中居于第三。中外合作经营企业下降较快。从实际使用金额上看，中外合作经营企业最小。从投资行业分布上来看，外商直接投资大部分投向了服务业和制造业，且服务业所占比重大大超过了制造业。从投资区域上看，中国 IFDI 存在区域发展不平衡的问题，东部地区自然条件优越，经济发展起步较早，对外资的吸引力要高于中、西部地区。

中国 OFDI 经历了探索、初步发展、平稳发展、高速增长和调整发展五个阶段。对外投资来源地存在较大的不平衡性，主要来源于东部地区，中、西部地区投资力度较弱。投资方式上，有限责任公司企业的数量最多，其次是私营企业，第三是国有企业，集体企业、股份合作企业、个体经营企业的数量较少。中国 OFDI 行业涵盖了国民经济发展的三次产业，其中第三产业占比最大，第二产业占比排名第二，第一产业占比最少。中国对外投资发展迅猛，投资流向也比较广泛，在全球六大洲都有投资，对亚洲投资的流量占比较大，其次是拉丁美洲，第三是欧洲，对大洋洲和非洲国家的投资较少。

3. 在实证分析方面

第一，IFDI 影响中国城市空气污染的研究。郑州市 IFDI 与空气质量之间存在相关关系，在不同的年份存在极弱相关、弱相关和中等相关的异质性。灰色关联度分析表明 IFDI 与 NO_2 的灰色关联度最大，与 O_3 的灰色关联度最小，PM_{10}、$PM_{2.5}$、CO、SO_2 与 IFDI 的灰色关联度排名分别为第二、第三、第四和第五。

第二，IFDI、技术创新和碳排放效率的研究。外商直接投资和研发支出都对碳排放效率有正向而显著的影响，外商直接投资对研发支出也有正向而显著的影响。稳健性检验证明研究结论是稳健的。中介效应检验表明 IFDI 不但会直接影响地区的碳排放效率，还会通过影响技术创新进而影响碳排放效率。分样本回归分析表明，IFDI 对东部地区碳排放效率有正向的影响，对中、西部地区碳排放效率有负向的影响，但两者的影响系数都不显著。

第三，OFDI 影响能源效率的研究。OFDI 逆向技术溢出效应对能源效率有正向的影响，可能的原因是对外投资的繁荣发展不但有利于中国产业结构的升级改造，也有利于获得东道国先进的技术，提高母国国内生产率。OFDI 逆向技术溢出效应对东、中部地区能源效率有正向的影响，且对东部地区的影响大于对中部地区的影响，对西部地区能源效率的影响不显著。

第四，OFDI、能源效率与碳排放的研究。中国的碳减排既来自技术水平的提高所引致的能源效率的提升，也来自能源结构的优化。OFDI 逆向技术溢出有利于技术水平提高，对碳排放减少有正向的作用。稳健性检验证明研究结论是稳健的。中介效应检验表明 OFDI 不但会直接导致碳排放减少，还会通过提高能源效率导致碳排放减少。分样本回归分析表明外向国际化程度较高的地区，OFDI 对碳排放的影响是负的，对能源效率的影响是正向的，能源效率对碳排放的影响也是负向的。外向国际化程度较低的地区，无论是 OFDI 对碳排放和能源效率的影响，还是能源效率对碳排放的影响，其影响系数都不显著。

第二节　政策建议

1. 促使产业结构优化升级

中国第二产业即制造业所占的比重较大，与第一产业和第三产业相比，第二产业是污染排放的主要产业。目前中国的各产业还是以粗放式的发展为主，并没有实现产业结构的合理化和高级化，这带来了一系列的环境污染问题，严重影响了经济的可持续发展。因此，建议地方政府优化经济增长方式，使产业结构从不合理向合理转变，从低级化向高级化演进。

首先，应以高新技术改造第二产业，培养一批技术含量高的企业，通过这些企业带动第二产业向绿色环保的方向发展，实现第二产业的优化和升级。其次，第二产业内部既有污染密集型企业，也有污染程度低的企业，还有清洁型企业，要合理甄别不同企业，看它们属于哪种污染类型企业。识别出那些污染程度比较高的企业，这些企业大多数是传统制造业，具有高能源消耗、高污染、高排放的特征。要对这些企业制定较高的污染排放标准，征收较高的污染排放费用，倒逼污染密集型企业进行技术研发，提高环保技术，向节能环保型企业转变。再次，通过 IFDI 和 OFDI 两种投资方式促使产业结构的优化升级，要大量引进环境友好型外商投资企业，通过这些企业的示范效应、竞争效应，带动内资企业开展技术创新、降低污染排放。在进行对外投资时应鼓励企业走出去，学习国外先进的环保技术，通过逆向技术溢出，促使国内产业结构的优化升级。最后，大力发展第三产业，第三产业具有技术含量高、低污染的特点。因此，应鼓励发展第三产业，增大第三产业比重，对生态环境友好型、附加值高的企业投入更大的支持。

2. 鼓励企业开展技术创新

企业开展技术创新对污染排放有明显的抑制作用，原因在于企业开展技术创新会提高整体生产技术，提升能源利用效率，从而降低碳排放。另外，各国环保标准的提升对产品的环保要求也越来越高，企业为了生产更多能够满足各国环保要求的产品，也会增加环保技术的研发，降低环境污染。因此，建议企业开展技术创新，降低环境污染。

首先，建议企业学习 IFDI 企业的技术，通过模仿开展自主研发。中国改革开放以来，吸引了大量外资企业的涌入，这些企业拥有较为先进的生产技术和环保技术，内资企业在与外资企业的合作中，学习 IFDI 企业的外溢技术，模仿这些技术，进而开展自主研发，带动整个行业技术水平的提高，降低行业的污染排放水平。其次，建议 OFDI 企业多学习国外先进的生产技术和环保技术。OFDI 企业与母国有千丝万缕的联系，在对外投资过程中学习到的技术会通过逆向技术溢出流向国内母公司。值得注意的是，母国对 OFDI 技术的使用还取决于母国的吸收能力，母国不但要有研发意识，还要有人力资本和研发资金，如此才能真正地让外来技术为我所用。通过逆向技术溢出，可提高母国的能源效率，优化产业结构，最终降低碳排放。最后，建议政府加大研发资金投入力度，必要时可以给予专项资金扶持。研发资金投入金额较大，建议政府、企业联合，共同开展技术研发。为了改善地方生态环境，政府既要在生产中引导企业建立环境科技创新奖励机制，树立生态环保理念，减少对环境的污染，又要吸引有创造力的环保人才流入，营造环保技术创新氛围，最终提高区域内的环保创新能力。

3. 合理引进外商直接投资

外商直接投资对中国环境污染有一定的影响，这要求在引进外资时，要考虑它对环境的作用。环境污染既来自本地企业，也来自其他地区企业的跨区传导。因此，某一地区引进外资，既要考虑它对本地区环境的影响，也要考虑它对其他地区环境的影响。因此，各地区要因地制宜，合理引进外商直接投资。

首先，提高外资进入门槛，增加环境友好型外资企业的流入。各地区在引进外资时，设置一定的环保门槛，既能促进地方经济的发展，又不会对地区环境造成污染。引进具有绿色生产技术、先进治污技术的外商投资企业，减少经济发展过程中的能源消耗，减少污染排放，提高当地环境质量。其次，地方政府在制定外资引进政策时既要考虑本地区所独有的经济发展特征，也要考虑周边地区的经济发展状况和外资引进政策，看是否与这些区域的外资引进政策存在矛盾。积极向周边地区吸引外商投资成功的案例学习，借鉴其成功经验，与本地区的引资政策相结合，引进适合本地的外商投资项目，实现经济发展与环境保护互利互赢。最后，加大技术密集型外资企业的引入。外资流入带给中国大量的边缘技术，在改革开放初期，这些技术虽然促进了中国经济的飞跃发展，但是带来了大量的环境污染。这些边缘技术大部分是一些生产密集型外资企业带入的，并不能给中国带来较多的技术红利，特别是外资企业对核心技术和知识产权保护的加强，使得中国企业很难接触到高新技术。因此，应鼓励技术密集型外资企业进入中国，与中国企业合资合作开展技术研发，使中国企业能学习一些次核心、核心技术，促进中国技术创新的快速发展。

4. 鼓励开展更多有效的对外投资

中国对外直接投资起步较晚但发展迅速，中国实施的"走出去"战略使对外投资已经成为影响经济发展的举足轻重的力量。目前，环境问题已经成为制约中国经济绿色发展的重要因素，实现绿色经济与对外直接投资的双重发展，需要开展更多且有效的对外投资。

首先，要加大对外投资的支持力度，以获得更多的逆向技术溢出，优化国内环境。可以放宽对对外投资企业的信贷约束，提高贷款效率，降低税收和信贷利率。简化对外投资企业相关事务的审批流程，完善对外投资的法律体系。建立对外投资企业信息查询库，加大对东道国经济、政治、文化和法律环境的市场调研。建立对外投资经典案例库，为"走出去"企业提供直接信息，提高对外投资成功率。其次，调整对外投资方向。鼓励对外投资由主要以获得利润或投机收益为目的的行业向主要以获得资源、市场和技术为目的的行业转变。中国的对外投资中，有相当大的部分投向了租赁和商业服务业、金融业。中国企业在这些行业的投资主要是投资于控股活动和金融操作活动，并未涉及具体的生产经营业务，这些投资存在较大程度的投机、避税行为，并不能给国内带来较大的逆向技术溢出、优化国内产业结构、提高环境质量。因此，政府应鼓励开展资源和市场寻求型对外直接投资，积极拓展外部市场以获得国内发展需要的紧缺资源，以优化国内产业结构，改善国内环境。鼓励企业向技术水平高的发达国家投资，获得国外先进技术、生产管理经验，从而提升中国在全球价值链中的地位，使中国企业向更高梯度迈进，进而对国内发展环境产生良好的作用。最后，注重对外投资的拉动效应。拉动效应包括对外投资的逆向技术溢出效应和对东道国的环保标准的学习和模仿效应。只有注重对外投资的拉动效应，才能带来母国技术水平的真正提高，才能提高母国的环保技术，才能完善母国的环境管理体系。

5. 完善环境保护政策

完善的环境保护政策不但会发挥 IFDI 和 OFDI 的正向作用，而且会放大它们的正向作用。完善的环境保护政策包括树立绿色发展理念、合理的环境规制政策、征收排污费、交易许可制度等。

首先，要树立绿色发展理念。健全绿色金融和绿色财政体系，为 FDI 进入绿色产业提供基金以调动外资企业的积极性。鼓励金融机构为外资企业发展提供绿色信贷以解决外资企业发展的资金瓶颈。积极培育环保技术骨干企业、高校和科研所、环保组织机构组成的绿色产业的产学研联盟，通过技术创新和合作，获得最新的环保技术。鼓励企业、社区和个人树立绿色发展理念，有较强的环保意识。其次，要有合理的环境规制。要想保持经济的可持续发展，不能把环境作为经济发展的"牺牲品"，而是在经济发展的同时使环境质量越来越好。因此，要制定合理的环境规制，避免各地区环境规制"一刀切"。对于环境污染较高的生产型企业提高环境规制门槛，限制这些外商投资企业的涌入。对于环境污染较低的投资型企业，降低环境规制门槛，增强外商直接投资优化产业结构、改善环境的作用。政府在制定环境规制时，要积极使用正式环境规制和非正式环境规制两种政策工具，提高环境规制在环境保护中的灵活性。最后，合理征收排污费，实行交易许可制度。政府在实行环境保护的过程中，要因地制宜，综合使用行政法规、经济手段和市场机制，实现环境保护的目的。可以对企业征收排污费、制定排污标准、实行交易许可等方式，加大对企业生产的监督管理，让企业承担社会责任，树立环保意识，实现地方环境质量的提升。

参考文献

[1] 白俊红，吕晓红，2015. FDI 质量与中国环境污染的改善 [J]. 国际贸易问题，8：72–83.

[2] 柴庆春，张楠楠，2016. 中国对外直接投资逆向技术溢出效应：基于行业差异的检验分析 [J]. 中央财经大学学报，8：113–120.

[3] 昌敦虎，缪琪，原佳倩，等，2022. "一带一路"沿线国家碳排放：外商直接投资与发展要素的共同影响分析 [J]. 环境科学研究，7：1556–1563.

[4] 陈波，张程程，2022. FDI 的创新效应：低端锁定还是转型升级？来自中国沪深 A 股上市公司的发现 [J]. 华中科技大学学报（社会科学版），36（3）：92–103.

[5] 陈丽珍，刘金焕，2016. FDI 对我国制造业内资企业自主创新能力的影响：基于创新投入与创新产出的视角 [J]. 南京审计学院学报，1：42–49.

[6] 程栖云，2022. 中国双向 FDI 对绿色创新影响的 Meta 整合与回归分析 [J]. 技术与创新管理，43（3）：306–317.

[7] 池晓彤，2019. 中国对外直接投资对国内碳排放影响的实证研究 [D]. 西安：西北大学.

[8] 丁安琪，2019. 对外直接投资的母国环境效应研究：基于中国 30 个省份数据的分析 [D]. 济南：山东大学.

[9] 董婉怡，张宗斌，刘冬冬，2021. 双向 FDI 协同与区域技术创新抑制环境污染的效应 [J]. 中国人口·资源与环境，31（12）：71-82.

[10] 董有德，孟醒，2014. OFDI、逆向技术溢出与国内企业创新能力：基于我国分价值链数据的检验 [J]. 国际贸易问题，9：120-129.

[11] 都斌，余官胜，2016. 对外直接投资对我国环境污染的影响 [J]. 环境经济研究，2：25-35.

[12] 杜龙政，林润辉，2018. 对外直接投资、逆向技术溢出与省域创新能力：基于中国省际面板数据的门槛回归分析 [J]. 中国软科学，1：149-162.

[13] 龚新蜀，韩俊杰，2019. 对外直接投资改善母国环境了吗：基于中国市场一体化视角 [J]. 生态经济，35（12）：112-118.

[14] 韩永辉，李子文，张帆，等，2019. 中国双向 FDI 的环境效应 [J]. 资源科学，41（11）：2043-2058.

[15] 郝宇，刘一鸣，2015. 对外经济贸易对中国碳排放的影响：基于省级面板数据的实证分析 [J]. 中国环境管理，4：85-93.

[16] 何建华，陈阳阳，彭建娟，2016. OFDI 逆向技术溢出与我国技术创新能力关系研究 [J]. 统计与决策，2：112-114.

[17] 何洁，2000. 外国直接投资对中国工业部门外溢效应的进一步精确量化 [J]. 世界经济，23（12）：29-36.

[18] 胡星，2018. 长江经济带对外直接投资的碳排放效应分析 [D]. 重庆：重庆工商大学.

[19] 霍伟东，李杰锋，陈若愚. 2019. 绿色发展与 FDI 环境效应：从"污染天堂"到"污染光环"的数据实证 [J]. 财经科学，4：106-119.

[20] 贾妮莎，韩永辉，雷宏振，2020. 中国企业对外直接投资的创新效应研究 [J]. 科研管理，41（5）：122-130.

[21] 赖永剑，贺祥民，2021. 前端环境治理、异质 FDI 溢出与本土企业出口绿色技术复杂度：基于倾向得分匹配倍差法的检验 [J]. 国际商务：对外经济贸易大学学报（6）：137-153.

[22] 冷艳丽，冼国明，杜思正，2015. 外商直接投资与雾霾污染：基于中国省际面板数据的实证分析 [J]. 国际贸易问题，12：74-84.

[23] 李斌，李倩，祁源，2016. FDI 技术溢出对高技术产业技术进步的门槛效应研究：基于吸收能力与金融发展视角的门限模型检验 [J]. 国际商务（对外经济贸易大学学报），3：74-84.

[24] 李金铠，马静静，魏伟，2020. 中国八大综合经济区能源碳排放效率的区域差异研究 [J]. 数量经济技术经济研究，6：109-129.

[25] 李娟，唐珮菡，万璐，等，2017. 对外直接投资、逆向技术溢出与创新能力：基于省级面板数据的实证分析 [J]. 世界经济研究，4：59-71.

[26] 李力，唐登莉，孔英，等，2016. FDI 对城市雾霾污染影响的空间计量研究：以珠三角地区为例 [J]. 管理评论，28（6）：11-24.

[27] 李梅，金照林，2011. 国际 R&D，吸收能力与对外直接投资逆向技术溢出：基于我国省际面板数据的实证研究 [J]. 国际贸易问题，10：124-136.

[28] 李平，苏文喆，2014. 对外直接投资与我国技术创新：基于异质性投资东道国的视角 [J]. 国际商务（对外经济贸易大学学报），2：71-82.

[29] 李敏，2016. 中国对外直接投资的母国碳排放效应研究 [D]. 武汉：华中科技大学.

[30] 李潇潇，张振东，2022. OECD 成员国碳排放效率时空演变与影响因素研究 [J]. 河北环境工程学院学报，32（3）：16-21.

[31] 李新安，李慧，2022. 外资引入，技术进步偏向影响了制造业的碳排放吗？来自我国 27 个制造行业面板数据模型的实证检验 [J]. 中国软科学，1：159-170.

[32] 李轩，2015. 中国对东盟直接投资对母国生态环境的影响效应研究 [J]. 经济视角，9：6-10.

[33] 梁锶，王雨剑，付约，2022. 官方发展援助促进了直接投资技术溢出吗 [J]. 宏观经济研究，4：106-113.

[34] 梁文化，2019. 中国 OFDI 逆向技术溢出影响自主创新的门槛检验 [J]. 浙江工商大学学报，3：68-78.

[35] 林季红，刘莹，2013. 内生的环境规制："污染天堂假说"在中国的再检验 [J]. 中国人口·资源与环境，23（1）：13-18.

[36] 林进智，郑伟民，2013. FDI 促进内资技术创新产生溢出效应的实证研究 [J]. 科研管理，34（11）：27-35.

[37] 刘斌，刘颖，曹鸿宇，2021. 外资进入与中国企业创新：促进还是抑制 [J]. 山西财经大学学报，43（3）：14-27.

[38] 刘朝，吴纯，李增刚，2022. 中国对"一带一路"沿线国家直接投资的碳排放效应 [J]. 中国人口·资源与环境，32（1）：9-18.

[39] 刘东丽，刘宏，2017. 中国对外直接投资对创新能力的影响研究：基于供给侧结构改革视角 [J]. 国际商务：对外经济贸易大学学报，6：98-108.

[40] 刘飞宇，赵爱清，2016. 外商直接投资对城市环境污染的效应检验：基于我国 285 个城市面板数据的实证研究 [J]. 国际贸易问题，5：130-141.

[41] 刘桂兰，2016. 对外直接投资的母国环境效应：基于中国省际面板数据的研究 [D]. 武汉：华中师范大学.

[42] 刘海云，龚梦琪，2018. 要素市场扭曲与双向 FDI 的碳排放规模效应研究 [J]. 中国人口·资源与环境，28（10）：27-35.

[43] 刘海云，李敏，2016. 中国对外直接投资的母国碳排放效应研究 [J]. 工业技术经济，8：12-18.

[44] 刘凯，邓玉，郭培丽，2019. FDI 投资动机、环境规制与中国工业能源强度 [J]. 产业经济评论，9：94-124.

[45] 刘乃全，戴晋，2017. 我国对"一带一路"沿线国家 OFDI 的环境效应 [J]. 经济管理，39（12）：6-23.

[46] 刘舜佳，2016. 外商直接投资环境效应的空间差异性研究：基于非物化型知识溢出角度 [J]. 世界经济研究，1：121-134.

[47] 刘夏，代春艳，辜转，2019. 中国对外直接投资为什么会增加国内碳排放：基于产业结构的分析与解释 [J]. 西部论坛，29（6）：73-83.

[48] 刘志华，徐军委，张彩虹，2022. 科技创新、产业结构升级与碳排放效率：基于省际面板数据的 PVAR 分析 [J]. 自然资源学报，37（2）：508-520.

[49] 隆娟洁，陈治亚，2009. 不同来源地 FDI 的技术溢出效应：基于行业面板数据的实证研究 [J]. 中国科技论坛，8：72–76.

[50] 路正南，罗雨森，2021. 空间溢出，双向 FDI 与二氧化碳排放强度 [J]. 技术经济，40（6）：102–111.

[51] 毛其淋，许家云，2016. 跨国公司进入与中国本土企业成本加成：基于水平溢出与产业关联的实证研究 [J]. 管理世界，9：12–32.

[52] 欧阳艳艳，黄新飞，钟林明，2020. 企业对外直接投资对母国环境污染的影响：本地效应与空间溢出 [J]. 中国工业经济，2：98–116.

[53] 邱立成，康茂楠，刘灿雷，2017. 外资进入、技术距离与企业研发创新 [J]. 国际贸易问题，9：142–153.

[54] 屈海涛，2018. FDI 技术溢出与本土企业绿色创新的关系研究 [J]. 科学管理研究，36（3）：64–67.

[55] 屈小娥，骆海燕，2021. 中国对外直接投资对碳排放的影响及传导机制：基于多重中介模型的实证 [J]. 中国人口·资源与环境，31（7）：1–14.

[56] 任力，黄崇杰，2015. 国内外环境规制对中国出口贸易的影响 [J]. 世界经济，5：59–80.

[57] 荣超，2020. 双向 FDI 对我国碳排放影响的实证研究 [D]. 西安：西北大学.

[58] 沙文兵，李莹，2018. OFDI 逆向技术溢出、知识管理与区域创新能力 [J]. 世界经济研究，7：80–94.

[59] 盛斌，吕越，2012. 外国直接投资对中国环境的影响：来自工业行业面板数据的实证研究 [J]. 中国社会科学，5：54–75.

[60] 盛妮，谭宓，2022. 外国直接投资、政府治理与碳排放：来自中国 – 东盟自由贸易区 10 个国家的证据 [J]. 生态经济，38（7）：35–41.

[61] 石大千，杨咏文，2018. FDI 与企业创新：溢出还是挤出？[J]. 世界经济研究，9：120–134.

[62] 施震凯，邵军，王美昌，2017. 外商直接投资对雾霾污染的时空传导效应：基于 SpVAR 模型的实证分析 [J]. 国际贸易问题，9：107–117.

[63] 苏慧娟，2022. 外资进入对我国碳排放影响的门槛效应研究：基于省

际面板数据的证实 [J]. 商业经济，5：76–79.

[64] 孙金彦，2017. 中国对外直接投资的母国碳排放效应研究 [D]. 武汉：
华中科技大学.

[65] 孙淑琴，何青青，2018. 不同制造业的外资进入与环境质量："天堂"
还是"光环"？[J]. 山东大学学报（哲学社会科学版），2：90–100.

[66] 孙早，韩颖，2018. 外商直接投资、地区差异与自主创新能力提升 [J].
经济与管理研究，39（11）：92–106.

[67] 唐宜红，俞峰，李兵，2019. 外商直接投资对中国企业创新的影响：
基于中国工业企业数据与企业专利数据的实证检验 [J]. 武汉大学学报
（哲学社会科学版），72（1）：104–120.

[68] 田文举，朱中军，2018. 中国 OFDI 对碳排放影响的区际差异分析：
基于城镇化门槛模型的研究 [J]. 重庆工商大学学报（社会科学版），
35（4）：27–34.

[69] 王柏杰，周斌，2018. 货物出口贸易、对外直接投资加剧了母国的环
境污染吗：基于"污染天堂假说"的逆向考察 [J]. 产业经济研究（3）：
77–89.

[70] 王道臻，李寿德，任荣明，2014. 外国直接投资对工业污染物处理的
影响：理论分析与实证检验 [J]. 系统管理学报，23（2）：284–295.

[71] 王凯，刘依飞，甘畅，2022. 旅游产业集聚对旅游业碳排放效率的空
间溢出效应 [J]. 生态学报，42（10）：1–10.

[72] 王义源，2017. 新常态下中国 FDI 与 OFDI 的特征与发展对策 [J]. 中
国人口·资源与环境，27（5）：299–302.

[73] 王英，刘思峰，2008. 国际技术外溢渠道的实证研究 [J]. 数量经济技
术经济研究，4：153–161.

[74] 王正明，温桂梅，2013. 国际贸易和投资因素的动态碳排放效应 [J].
中国人口·资源与环境，23（5）：143–148.

[75] 魏玮，周晓博，薛智恒，2017. 环境规制对不同进入动机 FDI 的影响：
基于省际面板数据的实证研究 [J]. 国际商务（对外经济贸易大学学
报），1：110–119.

[76] 向宇，代沁雯，2022. "双碳"目标下双向 FDI 协调发展的碳减排效应及其空间溢出 [J]. 金融经济学研究，37（2）：112–128.

[77] 肖德，陈婉，2018. "一带一路"沿线省份对外直接投资碳排放效应研究 [J]. 湖北大学学报（哲学社会科学版），45（1）：118–125.

[78] 谢文武，肖文，汪滢，2011. 开放经济对碳排放的影响：基于中国地区与行业面板数据的实证检验 [J]. 浙江大学学报（人文社会科学版），41（5）：163–174.

[79] 许和连，邓玉萍，2016. 外商直接投资、产业集聚与策略性减排 [J]. 数量经济技术经济研究，9：112–128.

[80] 许可，王瑛，2015. 中国对外直接投资与本国碳排放量关系研究：基于中国省级面板数据的实证分析 [J]. 国际商务研究，36（1）：76–86.

[81] 许晓芹，周雪松，张清正，2019. 中国省域视角下对外直接投资、逆向技术溢出与创新能力研究 [J]. 经济问题探索，12：70–78.

[82] 徐英启，程钰，王晶晶，等，2022. 中国低碳试点城市碳排放效率时空演变与影响因素 [J]. 自然资源学报，37（5）：1261–1276.

[83] 徐亚静，王华，2011. 开放条件下的外商直接投资与中国技术创新 [J]. 国际贸易问题，2：136–146.

[84] 杨滨键，孙红雨，2021. 低碳绩效测度与动态效应研究：以山东省种植业为例 [J]. 中国生态农业学报（中英文），29（3）：581–589.

[85] 杨浩，孙建，2019. 双向投资对技术进步、环境的影响：基于面板门限模型分析 [J]. 科技管理研究，39（12）：103–109.

[86] 杨果，郑强，2021. 中国对外直接投资对母国环境污染的影响 [J]. 中国人口·资源与环境，31（6）：57–66.

[87] 杨亚平，2007. FDI 技术行业内溢出还是行业间溢出：基于广东工业面板数据的经验分析 [J]. 中国工业经济，7：73–79.

[88] 杨子晖，田磊，2017. "污染天堂"假说与影响因素的中国省际研究 [J]. 世界经济，5：148–172.

[89] 姚惠泽，张梅，2018. 要素市场扭曲、对外直接投资与中国企业技术

创新 [J]. 产业经济研究，6：22-35.

[90] 姚战琪，2017. 中国对"一带一路"沿线各国 OFDI 逆向技术溢出效应分析 [J]. 河北经贸大学学报，38（5）：22-30.

[91] 尹东东，张建清，2016. 我国对外直接投资逆向技术溢出效应研究：基于吸收能力视角的实证分析 [J]. 国际贸易问题，1：109-120.

[92] 余官胜，2017. 企业对外直接投资能否降低母国环境污染：基于跨国面板数据门槛效应的实证研究 [J]. 国际商务（对外经济贸易大学学报），1：131-139.

[93] 原毅军，孙大明，2017. FDI 技术溢出、自主研发与合作研发的比较：基于制造业技术升级的视角 [J]. 科学学研究，35（9）：1334-1347.

[94] 岳武，杜莉，2017. 中国 FDI 与 ODI 对低碳经济发展的影响以及对"一带一路"战略的启示 [J]. 武汉大学学报（哲学社会科学版），70（2）：52-60.

[95] 张昌兵，华丽香，余梅丽，2022. OFDI 对中国碳排放的影响：基于省际空间面板数据的实证检验 [J]. 福建江夏学院学报，12（2）：9-21.

[96] 张海波，俞佳根，2012. 对外直接投资对母国的逆向技术溢出效应：基于东亚新兴经济体的实证研究 [J]. 财经论丛，1：14-20.

[97] 张建，李占风，2020. 对外直接投资促进了中国绿色全要素生产率增长吗：基于动态系统 GMM 估计和门槛模型的实证检验 [J]，国际贸易问题，7：159-174.

[98] 张骞，梁曙霞，李艳芹，2019. 外商直接投资对我国创新能力的影响：基于省际面板数据的实证研究 [J]. 科学与管理，39（6）：10-15.

[99] 张静，2019. 中国制造业对外直接投资的碳排放效应 [D]. 大连：大连理工大学.

[100] 张俊彦，贾玉成，张诚，2021. 外商直接投资对中国碳赤字的影响：基于空间溢出效应研究 [J]. 经济问题探索，12：160-177.

[101] 张磊，韩雷，叶金珍，2018. 外商直接投资与雾霾污染：一个跨国经验研究 [J]. 经济评论，6：69-85.

[102] 张鹏，陈卫民，李雅楠，2013. 外商直接投资，市场化与环境污染：

基于 1998—2009 年我国省际面板数据的经验研究 [J]. 国际贸易问题，6：88-97.

[103] 张文爱，罗润万，2021. FDI 的环境效应："污染光环"抑或"污染天堂"：基于面板 ARDL-ECM 模型的实证检验 [J]. 重庆工商大学学报（社会科学版），7：1-20.

[104] 张亚楠，2021. 中国企业对外直接投资对母国环境的影响：来自"一带一路"沿线国家的证据 [D]. 沈阳：辽宁大学.

[105] 张宁，赵玉，2021. 中国能顺利实现碳达峰和碳中和吗：基于效率与减排成本视角的城市层面分析 [J]. 兰州大学学报（社会科学版），49（4）：13-22.

[106] 赵凯，张方，2022. 环境规制，水平型 FDI 和垂直型 FDI 与绿色技术溢出：基于门槛效应的实证检验 [J]. 工业技术经济，41（5）：63-71.

[107] 赵莉，胡逸群，2018. FDI 技术溢出对制造业创新能力的影响：基于吸收能力的中介作用 [J]. 科技管理研究，38（18）：9-15.

[108] 周经，黄凯，2020. OFDI 逆向技术溢出提升了区域创新能力吗：基于空间杜宾模型的实证研究 [J]. 世界经济与政治论坛，2：108-129.

[109] 周力，庞辰晨，2013. 中国对外直接投资的母国环境效应研究：基于区域差异的视角 [J]. 中国人口·资源与环境，23（8）：131-139.

[110] 周鲟，胡国晖，2020. 中国 OFDI 逆向技术溢出对制造业技术升级的影响 [J]. 统计与决策，17：106-110.

[111] 郑强，冉光和，邓睿，等，2017. 中国 FDI 环境效应的再检验 [J]. 中国人口·资源与环境，27（4）：78-86.

[112] 朱东波，任力，2017. 环境规制、外商直接投资与中国工业绿色转型 [J]. 国际贸易问题，11：70-81.

[113] 朱东波，张月君，2020. 中国对外直接投资影响母国环境的理论机理与实证研究 [J]. 中国人口·资源与环境，30（1）：83-90.

[114] 朱婕，任荣明，2015. 出口、环境污染与对外直接投资：基于2003—2012 年中国省级面板 VAR 的实证检验 [J]. 生态经济，31（6）：

36–40.

[115] 朱金鹤，王雅莉，2018. 创新补偿抑或遵循成本：污染光环抑或污染天堂？：绿色全要素生产率视角下双假说的门槛效应与空间溢出效应检验 [J]. 科技进步与对策，35（20）：46–54.

[116] 朱英明，杨连盛，吕慧君，等，2012. 资源短缺、环境损害及其产业集聚效果研究：基于21世纪我国省级工业集聚的实证分析 [J]. 管理世界，11：28–44.

[117] 朱于珂，高红贵，徐运保，2022. 双向FDI协调发展如何降低区域CO_2排放强度：基于企业绿色技术创新的中介效应与政府质量的调节作用 [J]. 软科学，36（2）：86–94.

[118] 朱战胜，2021. 我国对外直接投资的生态环境效应研究 [D]. 保定：河北大学.

[119] ABBAS A, WASEEM M, YANG M, 2020. An ensemble approach for assessment of energy efficiency of agriculture system in Pakistan[J]. Energy efficiency: 1-14.

[120] ABEELEN C J, HARMSEN R, WORRELL E, 2019. Disentangling industrial energy efficiency policy results in the Netherlands[J]. Energy efficiency, 12(5): 1313-1328.

[121] AGHION P, HARRIS C, HOWITT P, et al., 2001. Competition, imitation and growth with step-by-step innovation[J]. Review of economic studies, 68(3):467-492.

[122] ALAZZAWI S, 2012. Innovation, productivity and foreign direct investment-induced R&D spillovers[J]. The journal of international trade & economic development, 21(5):615-653.

[123] ALBERINI A, 2018. Household energy use, energy efficiency, emissions, and behaviors[J]. Energy efficiency, 11(3):577-588.

[124] AL-MULALI U, TANG C F, 2013. Investigating the validity of pollution haven hypothesis in the gulf cooperation council (GCC) countries [J]. Energy policy, 60:813-819.

[125] AMANN E, VIRMANI S, 2015. Foreign direct investment and reverse technology spillovers: The effect on total factor productivity [J]. OECD journal: economic studies(1): 129-153.

[126] ANDERSEN P, PETERSEN N C,1993. A procedure for ranking efficient units in data envelopment analysis [J]. Management science, 39(10): 1261-1264.

[127] ANG B W,1999. Is the energy intensity a less useful indicator than the carbon factor in the study of climate change?[J]. Energy policy, 27(15):943-946.

[128] ANTWEILER W, COPELAND R B, TAYLOR M S,2001. Is free trade good for the emissions: 1950—2050[J]. Review of economics and statistics, 80:15-27.

[129] ARDAKANI M K, SEYEDALIAKBAR S M, 2019. Impact of energy consumption and economic growth on CO_2 emission using multivariate regression [J]. Energy strategy reviews, 26: 100428.

[130] ARRIOLA-MEDELLÍN A M,LÓPEZ-CISNEROS L F,ARAGÓN-AGUILAR A,et al., 2019. Energy efficiency to increase production and quality of products in industrial processes: case study oil and gas processing center[J]. Energy Efficiency,12(6):1619-1634.

[131] BARI M A, KINDZIERSKI W B, 2017. Characteristics of air quality and sources affecting fine particulate matter ($PM_{2.5}$) levels in the city of Red Deer, Canada [J]. Environmental pollution, 221:367-376.

[132] BENARROCH M, THILLE H, 2001. Transboundary pollution and the gains from trade [J].Journal of international economics, 55(1):139 -159.

[133] BIILGEN S, KELES S, KAYGUSUZ K, 2007. The role of biomass in greenhouse gas mitigation[J].Energy Sources, Part A:Recovery, Utilization, and Environmental Effects,29(13): 1243-1252.

[134] BIRDSALL N, WHEELER D, 1993. Trade policy and industrial pollution in Latin America : where are the pollution havens?[J]. Journal of environment & development,2:137-149.

[135] BITZER J, KEREKES M, 2008. Does foreign direct investment transfer technology

across borders? new evidence [J]. Economics letters, 99(3):355-358.

[136] BORG J, VON KNORRING H, 2019. Inter-organizational collaboration for energy efficiency in the maritime sector: the case of a database project[J]. Energy efficiency, 12(8): 2201-2213.

[137] BOYD G A,PANG J X, 2000. Estimating the linkage between energy efficiency and productivity [J]. Energy policy, 28(5): 289-296.

[138] BRANSTETTER L G, 2006. Is foreign direct investment a channel of knowledge spillovers: evidence from Japan's FDI in the United States [J]. Journal of international economics, 68(2):325-344.

[139] BROBERG T, BERG C, SAMAKOVLIS E, 2015. The economy-wide rebound effect from improved energy efficiency in Swedish industries-A general equilibrium analysis [J]. Energy policy, 83: 26-37.

[140] BU M, WAGNER M, 2016. Racing to the bottom and racing to the top: the crucial role of firm characteristics in foreign direct investment choices[J]. Journal of international business studies, 47(9):1032-1057.

[141] CAHILL C J, GALLACHÓIR B P Ó, 2012. Quantifying the savings of an industry energy efficiency programme[J]. Energy efficiency, 5(2): 211-224.

[142] CHARNES A, COOPER W W, 1962. Programming with linear fractional functional [J]. Naval research logistics quarterly, 9(3-4): 181-186.

[143] CHARNES A, COOPER W W, RHODES E, 1978. Measuring the efficiency of decision making units[J]. European journal of operations research, 2(6):429-444.

[144] CHEN K M, YANG S F, 2013. Impact of outward foreign direct investment on domestic R&D activity:evidence from Taiwan's multinational enterprises in low-wage countries[J]. Asian economic journal, 27(1): 17-38.

[145] CHEN W D, YANG R Y, 2018. Evolving temporal-spatial trends, spatial association, and influencing factors of carbon emissions in Chinese mainland: empirical analysis based on provincial panel data from 2006 to 2015 [J]. Sustainability, 10(8): 2809.

[146] CHEN V Z, LI J, SHAPIRO D M, 2012. International reverse spillover effects on parent firms: evidences from emerging-market MNEs in developed markets [J]. European management journal,30(3): 204-218.

[147] CHUNG S,2014. Environmental regulation and foreign direct investment: evidence from South Korea[J]. Journal of development economics,108: 222-236.

[148] COE D T, HELPMAN E, 1995. International R&D spillovers [J]. European economic review,39(5): 859-887.

[149] COLE M A, ELLIOTT R J R, FREDRIKSSON P G, 2006. Endogenous pollution havens: does FDI influence environmental regulations?[J]. Scandinavian journal of economics, 108(1):157-178.

[150] COPELAND B, TAYLOR M, 1994. North-south trade and the Environment[J]. Quarterly journal of economics, 109(3) , 755-787.

[151] COZZA C, RABELLOTTI R, SANFILIPPO M, 2015. The impact of outward FDI on the performance of Chinese firms [J]. China economic review, 36:42-57.

[152] DAS G G，DRINE I, 2020. Distance from the technology frontier: how could Africa catch up via socio-institutional factors and human capital?[J]. Technological forecasting and social change,150: 119755.

[153] DRIFFIELD N, LOVE J H, 2003. Foreign direct investment, technology sourcing and reverse spillovers[J]. The manchester school, 71(6): 659-672.

[154] DUNLAP D, MCDONOUGH E F, MUDAMBI R, et al., 2016. Making up is hard to do: knowledge acquisition strategies and the nature of new product innovation [J]. Journal of product innovation management, 33(4): 472-491.

[155] DUNNING J H, 1998. Location and the multinational enterprise: a neglected factor? [J]. Journal of international business studies, 29(1):45-66.

[156] ERVURAL B C, ZAIM S, DELEN D, 2018. A two-stage analytical approach to assess sustainable energy efficiency[J]. Energy. 164: 822-836.

[157] ESKELAND G, HARRISON A, 2003. Moving to greener pastures?

Multinationals and the pollution haven hypothesis [J].Journal of development economics,70(1):1-23.

[158] ESTY D, GERADIN D, 1997. Market access,competitiveness and harmonization: environmental protection in regional trade agreements[J]. The harvard environmental law review, 21(2): 265-336.

[159] FARLA J C M, BLOK K, 2000. The use of physical indicators for the monitoring of energy intensity developments in the Netherlands, 1980—1995[J]. Energy, 25(7): 609-638.

[160] FARREL M J, 1957. The measurement of production efficiency [J]. Journal of royal statistical society, 120 (3): 253-281.

[161] GAMTESSA S, CHILDS J, 2019. The potential for short-term energy efficiency improvement in Canadian industries[J]. Energy efficiency, 12(7): 1937-1949.

[162] GAO X, ZHANG W, 2013. Foreign investment, innovation capacity and environmental efficiency in China[J]. Mathematical computer modeling(58): 1040-1046.

[163] GEUM Y, KIM M, 2020. How to identify promising chances for technological innovation: Keygraph-based patent analysis[J]. Advanced engineering informatics, 46: 101155.

[164] GHOSH M, WANG W M, 2009. Does FDI accelerate economic growth? the OECD experience based on panel data estimates for the period 1980—2004[J]. Global economy journal, 9(4):1-21.

[165] GOH T, ANG B W, 2019. Tracking economy-wide energy efficiency using LMDI:approach and practices[J]. Energy efficiency, 12(4): 829-847.

[166] GÖKGÖZ F, ERKUL E, 2019. Investigating the energy efficiencies of European countries with super efficiency model and super SBM approaches[J]. Energy efficiency, 12(3): 601-618.

[167] GREENING L A, GREENE D L, DIFIGLIO C,2000. Energy efficiency and consumption-the rebound effect-a survey[J].Energy policy,28:389-401.

[168] HAIDER S, BHAT J A, 2018. Interstate analysis of energy efficiency-a

stochastic frontier approach to the Indian paper industry[J]. International journal of energy sector management,12(4):547-565.

[169] HAO Y, LIU Y M, 2015. Has the development of FDI and foreign trade contributed to China's CO_2 emissions? An empirical study with provincial panel data[J]. Natural hazards, 76(2):1079-1091.

[170] HAO Y, BA N, REN S Y,et al.,2021.How does international technology spillover affect China's carbon emissions? A new perspective through intellectual property protection[J].Sustainable production and consumption,25:577-590.

[171] HASSABALLA H, 2014.Testing for Granger causality between energy use and foreign direct investment Inflows in developing countries[J]. Renewable and sustainable energy reviews, 31(2):417-426.

[172] HOFFMANN R, LEE C, RAMASAMY B, et al., 2005. FDI and pollution: a granger causality test using panel data[J]. Journal of international development, 17(3):311-317.

[173] HU J L, HONMA S, 2014. A comparative study of energy efficiency of OECD countries: an application of the stochastic frontier analysis[J] Energy Procedia,61:2280-2283.

[174] HUANG J, DU D, TAO Q, 2017. An analysis of technological factors and energy intensity in China[J]. Energy policy, 109: 1-9.

[175] INGLESI-LOTZ R,2018. Decomposing the South African CO_2 emissions within a BRICS countries context: signalling potential energy rebound effects[J].Energy,147(3):648-654.

[176] INGLESI-LOTZ R, 2017. Social rate of return to R&D on various energy technologies: where should we invest more? A study of G7 countries[J]. Energy policy 101: 521-525.

[177] IWASA T, ODAGIRI H, 2004. Overseas R&D, knowledge sourcing, and patenting: an empirical study of Japanese R&D investment in the US[J]. Research policy, 33(5):807-828.

◎

参
考
文
献

[178] JACOBSEN H K, 2000. Technology diffusion in energy-economy models: the case of danish vintage models[J]. Energy journal,21(1):43-72.

[179] JIN S H, 2007. The effectiveness of energy efficiency improvement in a developing country: rebound effect of residential electricity use in South Korea[J]. Energy policy, 35(11): 5622-5629.

[180] KAMAL A, AL-GHAMDI S G, KOC M,2019. Role of energy efficiency policies on energy consumption and CO_2 emissions for building stock in Qatar[J].Journal of cleaner production,235: 1409-1424.

[181] KANTELHARDT J W, ZSCHIEGNER S A, KOSCIELNY-BUNDE E,et al., 2002. Multifractal detrended fluctuation analysis of nonstationary time series[J].Physica a statistical mechanics & its applications, 316:87-114.

[182] KIM M, CHOI M J, 2019. R&D spillover effects on firms' export behavior: evidence from South Korea[J]. Applied economics, 51(28):3066-3080.

[183] KOKKO A, 1992. Foreign direct investment, host country characteristics, and spillovers[M]. Stockholm: school of economics, economic research institute.

[184] LENONARD H J, 1984. Are environmental regulations driving US industries overseas?[M].Washington D C:conservation foundation, 226-297.

[185] LETCHUMANAN R, KODAMA F, 2000. Reconciling the conflict between the `pollution-haven' hypothesis and an emerging trajectory of international technology transfer [J]. Research policy, 29(1):59-79.

[186] LEW Y K, LIU Y, 2016. The contribution of inward FDI to Chinese regional innovation : the moderating effect of absorptive capacity on knowledge spillover[J]. European journal of international management, 10 (3):284-313.

[187] LI L B, HU J L, 2012. Ecological total-factor energy efficiency of regions in China[J]. Energy policy, 46: 216-224.

[188] LI J, STRANGE R, NING L, et al., 2016. Outward foreign direct investment and domestic innovation performance: evidence from China[J]. International business review, 25(5): 1010-1019.

[189] LIN B, LIU H, 2015. A study on the energy rebound effect of China's

residential building energy efficiency[J]. Energy & buildings,86:608-618.

[190] LIU H Y, WANG Y L, JIANG J,et al., 2020. How green is the Belt and Road Initiative？ Evidence from Chinese OFDI in the energy sector[J].Energy policy,145:111709.

[191] LIU Y，HAO Y，GAO Y, 2017. The environmental consequences of domestic and foreign investment：evidence from China[J]. Energy policy, 108(6)：271-280.

[192] LIU Z,MU R,HU S, WANG L, et al., 2018. Intellectual property protection, technological innovation and enterprise value — an empirical study on panel data of 80 advanced manufacturing SMEs[J]. Cognitive systems research, 52(12):741-746.

[193] LUO L W, CHENG X J,2013. Path construction of China's outward foreign direct investment for pushing forward low-carbon economy[J].Technology economics,32(7):76-82.

[194] MACDOUGALL G D A, 1960 . The benefits and costs of private investment from abroad: a theoretical approach[J]. Oxford bulletin of economics and statistics, 22(3):189-211.

[195] MANI M, WHEELER D, 1998. In search of pollution havens? dirty industry in the world economy,1960—1995[J].Journal of environment and development,73(3):215-247.

[196] MANYUCHI A E,2017. Outward foreign direct investment from South Africa's energy sector and the transfer of environmentally sound technologies to Uganda's energy sector[J].African journal of science, technology, innovation and development,9(3):303-314.

[197] MARCO L C K，STEVE Y F，ZHANG Z，et al., 2015. Determinants of innovative activities: evidence from Europe and central Asia region[J]. The Singapore economic review, 60 (1)：1550004.

[198] MARKLUND P O, SAMAKOVLIS E, 2007. What is driving the EU burden-sharing agreement efficiency or equity? [J]. Journal of environmental

management, 85(2):317-329.

[199] MIELNIK O, GOLDEMBERG J, 1999. Communication the evolution of the "carbonization index" in developing countries[J]. Energy policy, 27(5):307-308.

[200] NADEEM A M, ALI T, KHAN M T I, et al., 2020. Relationship between inward FDI and environmental degradation for Pakistan: an exploration of pollution haven hypothesis through ARDL approach[J]. Environmental science and pollution research, 27(1):1-19.

[201] OMRI A, NGUYEN D K, RAULT C, 2014. Causal interactions between CO_2 emissions, FDI, and economic growth: evidence from dynamic simultaneous-equation models[J]. Economic modelling, 42(10): 382-389.

[202] PANAGIOTIS P, WU J, WANG C, 2018. Outward FDI, location choices and innovation performance of emerging market enterprises[J]. Research policy, 47(1):232-240.

[203] PAN X, LI M, WANG M, et al., 2020. The effects of outward foreign direct investment and reverse technology spillover on China's carbon productivity [J]. Energy policy, 145:111730.

[204] PEI Y, ZHU Y, WANG N, 2021. How do corruption and energy efficiency affect the carbon emission performance of China's industrial sectors?[J]. Environmental science and pollution research, 28:31403-31420.

[205] PIPEROPOULOS P, WU J, WANG C, 2018. Outward FDI, location choices and innovation performance of emerging market enterprises[J]. Research policy, 47(1): 232-240.

[206] PORTER M E, STERN S, 2000. Measuring the "ideas" production function: evidence from international patent output[R]. National bureau of economic research.

[207] POTTERIE B P, LICHTENBERG F, 2001. Does foreign direct investment transfer technology across borders?[J]. Review of economics and statistics, 83(3): 490-497.

[208] PRADHAN J P, SINGH N, 2008. Outward FDI and knowledge flows: a study of the Indian automotive sector[J]. International journal of institutions and economies, 1(1): 155-186.

[209] QI X F, ZHOU L H, 2020. Market segmentation and energy efficiency—an empirical study based on China's provincial panel data[J]. Energy efficiency, 13(8): 1781-1797.

[210] RAKSHIT I, MANDAL S K, 2020. A global level analysis of environmental energy efficiency: an application of data envelopment analysis[J]. Energy efficiency, 13(1):889-909.

[211] RAMANATHAN R, 2006. A multi-factor efficiency perspective to the relationships among world GDP: energy consumption and carbon dioxide emissions [J]. Technological forecasting & social change, 73(1): 483-494.

[212] RAMANATHAN R, 2002. Combining indicators of energy consumption and CO_2 emissions:across country comparison [J].International journal of global energy issues, 17:214-227.

[213] REHMATULLA N, CALLEYAB J, SMITH T, 2017. The implementation of technical energy efficiency and CO_2 emission reduction measures in shipping [J].Ocean engineering,139:184-197.

[214] HERRALA R, GOEL R K, 2012. Global CO_2 efficiency: country-wise estimates using a stochastic cost frontier [J]. Energy policy, 45(7):762-770.

[215] ROMIJN H, ALBALADEJO M,2002. Determinants of innovation capability in small electronics and software firms in southeast England [J]. Research policy,31(7):1053-1067.

[216] SMITH N, THOMAS E, 2017. Regional conditions and innovation in Russia: the impact of foreign direct investment and absorptive capacity[J]. Regional studies, 51(9):1412-1428.

[217] STIEBALE J, 2013. The impact of cross-border mergers and acquisitions on the acquirers' R&D Firm-level evidence[J]. International journal of industrial organization,31(4):307-321.

[218] SULTANA N, TURKINA E, 2020. Foreign direct investment, technological advancement, and absorptive capacity :a network analysis[J]. International business review, 29 (2) : 101668.

[219] SUN J W, 2005. The decrease of CO_2 emission intensity is decarbonization at national and global levels[J]. Energy policy, 33(8):975-978.

[220] SUYANTO, SALIM R A, BLOCH H, 2009. Does foreign direct investment lead to productivity spillovers? Firm level evidence from indonesia[J]. World development, 37(12):1861-1876.

[221] TAJUDEEN I A, WOSSINK A, BANERJEE P,2018. How significant is energy efficiency to mitigate CO_2 emissions? evidence from OECD countries[J].Energy economics,72(5):200-221.

[222] TANG C, ZHONG L, JIANG Q, 2018. Energy efficiency and carbon efficiency of tourism industry in destination[J]. Energy efficiency, 11(3): 539-558.

[223] TANG J, ALTSHULER R,2014. The spillover effects of outward foreign direct investment on home countries: evidence from the United States[J]. Proceedings of the annual conference on taxation,107:1-42.

[224] TONE K,2002. A slacks-based measure of super-efficiency in data envelopment analysis[J]. European journal of operational research,143:32-41.

[225] TZENG C H, 2018. How domestic firms absorb spillovers : a routine,based model of absorptive capacity View[J]. Management and organization review, 14 (3) : 543-576.

[226] WALTER I, UGELOW J L, 1979. Environmental policies in developing countries[J].Ambio, 8(2):102-109.

[227] WAGNER U J, TIMMINS C, 2010. Agglomeration effects in foreign direct investment and the pollution haven hypothesis[J]. Environmental & resource economics, 43(2): 231-256.

[228] WANG T, XIE W, 2017. Empirical research on the relationship between open economy and carbon emission[J]. Journal of interdisciplinary mathematics,

20(6/7):1567-1570.

[229] WHEELER D, 2001. Racing to the bottom? Foreign investment and air pollution in developing countries [J]. Policy research working paper,10(3):225-245.

[230] WEN Z L, YE B J,2014.Analyses of mediating effects: the development of methods and models[J]. Adv. psychol sci., 22: 731-745.

[231] XIAO H, MEI L, 2019. Dynamics and inequalities in energy efficiency in China[J]. Energy and power engineering, 11(3): 132-148.

[232] XIN D L, ZHANG Y Y, 2020.Threshold effect of OFDI on China's provincial environmental pollution[J].Journal of cleaner production,258:120608.

[233] YANG L, LIU Y, 2013. Can Japan's outwards FDI reduce its CO_2 emissions? A new thought on polluter haven hypothesis [J].Advanced materials research(5):807-809.

[234] ZHAO Y, SHI X, SONG F, 2020. Has Chinese outward foreign direct investment in energy enhanced China's energy security?[J]. Energy policy, 146: 111803.

[235] ZHOU P, ANG B W, HAN J Y, 2010. Total factor carbon emission performance: a malmquist index analysis [J]. Energy economics, 32(1):194-201.

[236] ZHOU Y, JIANG J, YE B,et al., 2019. Green spillovers of outward foreign direct investment on home countries:evidence from China's province-level data[J]. Journal of cleaner production, 215: 829-844.

[237] ZHU H, DUAN L, GUO Y,et al., 2016. The effects of FDI, economic growth and energy consumption on carbon emissions in ASEAN-5: evidence from panel quantile regression[J]. Economic modelling, 58:237-248.